1冊ですべてがわかる 高校教師のための

学級経営大全

渡辺弥生 監修／原田恵理子 編

明治図書

監修の言葉

　高校生は，「自分とは何か？」という問いと対峙し始める時期にあります。思春期の混沌とした葛藤からは脱しつつあり，大人社会を展望するようになります。どのように生きるのかという課題に模索していく時期ともいえます。

　しかし，実際は大人社会直前の準備時期でありながら，目の前の楽しさだけを追い求める傾向もあります。社会や公共意識も低く漠然とした迷いの中に彷徨しがちです。高校生が自らの生き方について考え，主体的な選択ができるよう，また他者の支えに気がつき感謝できるような社会の一員になれるよう支援するにはどうすればよいでしょう。

　エージェントとして，高校教師の立場や役割は大変意義のあることです。とはいっても，教員自身も，VUCAと呼ばれる不確実で，曖昧で，正解のない複雑な未来を見据えて，戸惑いの気持ちや自信のなさにとらわれることも少なくないでしょう。

　こうした解決策の鍵として，ソーシャル・エモーショナル・ラーニングという考え方があります。今までの学校は，考える，問題を解決する，という「認知的能力」が重視されてきました。しかし，常に目標を設定し合理的に対処していくことは，人を疲弊させストレスを増大させます。そして，教える側のストレスが大きければ，自ずと子どもたちにも影響します。

　そこで，本書は，対人関係や感情のマネジメントなど，「非認知的能力（ソーシャルエモーショナルなスキル）」を学べるように意図されています。「仕事術」と「学級経営」に焦点を当てていますが，要領のよさを教えるマニュアルではありません。仕事にやりがいを感じ，同僚や生徒たちとあたたかく学ぶ風土を創出するために必要なスキルが網羅されています。

　執筆者や編者が伝えたい思いを，文章を通してぜひ感じ取っていただき，実のあるスキルとして，お役に立てていただければ至上の喜びです。

2024年2月　渡辺　弥生

まえがき

　この本は，学級担任として生徒にかかわるために，初任者や若手の先生，学級経営をまだ取り組んだことがない先生のためにまとめた「高校教師」のための本です。教員になったら担任として学級経営をしたいと強く願うことでしょう。また，生徒とよい関係を築いてあたたかい学級にしたいといった気持ちももつことでしょう。そして，担任を命じられると「やっと担任になれる」という嬉しい気持ちになると同時に，学級経営への不安をもつかもしれません。いずれにしても学級経営は，生徒の人間形成に深く関わる創造的な実践活動で，学級の状態（人，物，教室環境など）や，生徒の人間関係と人間的な成長の姿は学級担任の指導力に大きくかかわってきます。そのため，学級担任はひたむきな情熱や豊かな人間性に基づいて，生徒一人ひとりを大切にしながら可能性を最大限に伸ばすように努力することが求められます。

　そこで，この本では，「1冊ですべてがわかる」と冠し，仕事の全体像，新年度準備，入学式・卒業式，学級開き，ルールやシステムづくり，集団・関係作り，学校行事，進路・キャリア教育，保護者・地域連携，卒業式・修了式・学級じまいについて，第一線で働く現役教員や管理職経験のある先輩教員が，学級経営で担任が外せない大切なことをまとめています。

　学級のよい雰囲気は一朝一夕ではできず，日々の積み重ねや学級担任の人柄，姿勢，指導が大きく影響します。また，学級は学級担任の意図的な手立てによって，次第に一つの方向に歩み始め，学級の雰囲気がつくられていきます。そういった中でわからないことは同僚に聴けるとよいのですが，聴く時間がない，話を聴けない状況があります。そこで，初めての担任で押さえたい要点，学級経営の改善，行事や保護者面談の前の確認などで参照するといった使い方がこの本では可能になります。教師のやりがいに気づき，一層の自己研鑽に役立ててほしいと願っています。

2024年2月　原田恵理子

CONTENTS

3章 入学式・始業式

4章 学級開き・ルール＆システムづくり

5章 集団づくり・関係づくり

6章 学校行事

7章 進路・キャリア教育

8章 保護者・地域連携

9章 卒業式・修了式・学級じまい

1章

高校学級担任の
仕事の全体像

学級担任の仕事の基本

■ 居心地のいい学級をつくる

　教員として正式に採用されると1年目（初任）は，どこかの学年の副担任に配属されるのが普通です。そして2年目になって初めて担任をもつことになります。多くの場合は1年生の学級担任で，3年間そのまま同じ学年の生徒に卒業までかかわります。

　学級担任は学校における生徒の保護者の役割を担いながら「学級経営」をします。生徒が安心して楽しい学校生活が送れるよう，居心地のいい学級をつくらなければなりません。なにしろ生徒にとって1日のうち最も長く過ごすのが学級なのですから。

■ 生徒に直接かかわる学級担任の仕事

　学級担任がどの学年でも共通して行う仕事は，毎日の朝と帰りのSHR（ショートホームルーム）と週1回のLHR（ロングホームルーム）です。SHRは出欠席の確認，連絡事項，文書の配布・回収，健康観察などを行います。LHRはクラス裁量だったり学年統一の議題での話し合いだったりをします。

さらに学級担任は学習指導（成績不振，時数不足），生徒指導（遅刻・欠席・早退，いじめ），進路指導（進路，選択科目）などで生徒にかかわります。

生徒と間接的にかかわる学級担任の仕事

学級担任として生徒と直接かかわるのが表舞台であるとするなら，学級担任は裏舞台で多くの仕事をしています。時間割表・清掃分担表・各種連絡などの掲示物管理，清掃指導，二者・三者面談の準備，通知表の作成，出席簿の管理，学級日誌の管理，教室の安全管理，学級の会計，関係する部署との報告・連絡・相談，進路カードの管理，各種アンケートの実施（いじめ，セクハラ，進路等），指導要録の作成……。この裏舞台での仕事はすべてを文章にするのはちょっと難しいくらい多種・多様です。学級経営がスムーズに進むには，この裏舞台の仕事を的確にこなしていくことが大切です。

学級担任で大切なこと

まず生徒とのコミュニケーションを大切にしてください。朝のSHRや帰りの清掃など何気ない日常を通して生徒との会話を大切にしましょう。なるべく生徒が話しかけやすい雰囲気をつくります。

問題の起きない学級はありません。不登校になった，いじめがあった，成績不振で進級があぶない，保護者からクレームが来た……。こんなときは一人で悩まず，まず学年主任に相談しましょう。学年全体で情報を共有して解決に当たります。

学級にかかわる事務作業をおろそかにしては，生徒や保護者との信頼関係をなくします。確実にこなすことが大切です。他の先生方と連絡を密にして常に生徒の状況把握につとめましょう。

（肥後　利朗）

基本的な指導姿勢

（小学校・中学校との違い）

要チェック

自立した人間として向き合うことを基本とする

■ 高校学級担任は「よきアドバイザー」となる

　学級担任は，小・中・高と学校種の違いにより仕事内容や求められる役割が異なります。高校は生徒が社会人になるための第一歩として考え，社会に貢献できる人材としてさらに心身ともに磨きをかけていく時代です。高校の学級担任は小・中の担任と違い，生徒自身が自分の置かれている状況や立場を理解し，自己の目標に向かって進んでいけるように「よきアドバイザー」として生徒に向き合っていくことが求められます。そのためには，学級経営を円滑に進めながら，生徒と信頼関係を構築することが重要になります。担任教師として生徒と積極的に会話する機会を設け，お互いをよく知ることを心掛けます。そして，心に残る内容は，メモに残しておきましょう。

教え方	小学校	中学校	高校
	学級担任制		教科担任制
接し方・育て方	適切に見守りながら育てる	思春期の変化に対応する	自立した人間として向き合う
勤務形態の特徴	下校まで学級につき，放課後に自分の仕事をする。土曜日に授業がない場合は，基本的に土日は休みになる。	1~2時間程度の空き時間がある。土日に部活動が入ることもある。	2~3時間程度の空き時間がある。土日に部活動が入ることもあるが，中学に比べて負担が少ない傾向。
その他の特徴	子どもに加えて，保護者とのコミュニケーションが重要になる。	様々な問題や課題に対する共通認識に対応するため，ルールが重んじられる傾向にある。	多種多様な特性のある学校がある。学校特性の違いにより，求められる役割が変わる。
やりがい	児童の生活面・学習面の全てを学級担任として，見て，関わることができる	思春期ならではの問題や課題に学校全体で取り組み対応するため，人間力が発揮できる場面が多くなる。	就職や進学といった次のステージに送り出す。個々に応じたキャリア支援ができる。

■ 成年年齢に関すること

　公職選挙法の選挙権年齢や憲法改正国民投票の投票権年齢が18歳と定めら

れるなど，高校生は国政の重要な判断に参加する立場になり，青年年齢も18歳に引き下げられました。これにより，携帯電話の契約や一人暮らしをする際，部屋の契約を一人で行える，女性の結婚年齢が16歳から18歳に引き上げられ男女ともに18歳で結婚できる，クレジットカードをつくることやローンを組むことなどをはじめ，20歳未満であっても親の同意を得ずに様々な契約を交わすことができるようになる等が変わりました。一方変わらないことは，飲酒・喫煙，競馬券の購入などは健康面への影響や青少年保護の観点から，これまでどおり20歳です。しかし，在学中に18歳を迎えた生徒がいても成長過程にあるため，引き続き，社会的自立に対する支援は大切にします。

　なお，転学や退学，留学をする場合，該当生徒が成人年齢に達しているときはこれらの手続きで保護者が連署した書類の提出が不要となります。しかし，支援を必要とする存在に変わりはないため，担任・生徒・保護者等との間で話し合いの場を設け，保護者の理解を得る対応が求められます。

■ 生徒指導・進路指導と進路決定

```
・一人ひとりの人格を尊重すること
・社会的資質・行動力を高めること
・個性の伸長を図ること
```

　生徒の性格，強みと弱み，おかれている状況，住んでいる地域とその特徴，通学手段などの情報を把握しておきましょう。これらは，生徒との面談や生徒指導，進路指導をするときに参考となります。また，生徒の人格形成には家庭環境が大きな影響を与えるため，保護者の協力を得ることが重要になります。進路指導は，学年進行とともに説明会やオリエンテーションの回数が増えていきますが，毎年行う進路指導希望調査で就職や上級学校への進学等を把握し，自己実現に向けた助言ができるよう準備をしておきましょう。

（黒川　昭宏）

1年間のスケジュール
（1年担任）

■ 1年担任の計は4月にあり

　1年担任は4月に仕事が集中します。希望を抱いて入学した新入生です。楽しい学校生活がスタートできるように生徒をサポートするのが1年担任の大切な仕事です。

月	行事・業務（例）
4月	入学式準備（各種帳簿準備・教室整備・生徒把握・呼名簿作成・配布物準備）入学式（担任挨拶・入学式・PTA役員決め・日程連絡・書類回収）年度当初のLHR（クラス目標・自己紹介・クラス役員決め・学校案内・生活指導）5月学校行事の準備
5月	学校行事（体育祭：安全管理・種目決め，遠足：安全管理・班決め・しおり作成・クラスレク）スポーツテスト・身体計測・検診（生徒把握）中間考査（試験の注意・各教科との連携・教室整備・成績一覧表作成）
6月	PTA総会・学級PTA（出欠席・資料準備）面談週間（生徒把握）
7月	文化祭企画（アドバイス）期末考査（試験の注意・各教科との連携・教室整備・成績一覧表作成）終業式（通知表・夏季休業中の注意）
8月	文化祭準備（アドバイス・安全管理・金銭管理）
9月	文化祭・体育祭（生徒把握・安全管理・金銭管理・生徒指導）

10月	中間考査（試験の注意・各教科との連携・教室整備・成績一覧表作成・欠課時数の確認）
11月	芸術鑑賞会（生徒把握）
12月	期末考査（試験の注意・各教科との連携・教室整備・成績一覧表作成・欠課時数の確認）終業式（通知表・冬季休業中の注意）
1月	実力テスト（進路面談）
2月	マラソン大会（健康観察・安全管理・生徒把握）
3月	学年末考査（試験の注意・各教科との連携・教室整備・成績一覧表作成・欠課時数の確認）終業式（通知表）指導要録作成（資料準備）次年度の準備（クラス分け・引き継ぎ・各種帳簿準備）

■ 仕事は計画的に優先順位をつけて進める

　4月の入学式前後は担任にとって最も忙しくかつ大切な期間です。1週間の計画と1日の予定を立てて計画的に仕事を進めます。いろいろな仕事が並行して押し寄せてくるので優先順位をつけると，生徒と向き合う時間が確保できます。

　高校生活に夢や期待を抱いて入学してくる新入生ですが，難しくなる勉強，長くなる通学時間，広くなる行動範囲，深くなる人間関係などから多くの悩みを抱える生徒も出てきます。特に1年生のときのクラスは4月で雰囲気ができてしまいます。担任は明るい楽しいクラスになるよう心掛けてください。

（肥後　利朗）

1年間のスケジュール
（2年担任）

■ 文化祭・修学旅行などクラス展開が増加

　2年生は高校生活3年間のうちで学習や学校行事（文化祭・修学旅行）において最も充実した時期になります。クラスでの話し合いも多くなるので，2年担任はクラスをどうまとめていくかが大切な仕事です。

月	行事・業務（例）
4月	生徒把握（学年会議・指導要録・前担任からの聞き取り）年度当初のLHR（クラス目標・自己紹介・クラス係決め）
5月	体育祭（安全管理・種目決め）スポーツテスト・身体計測・検診（生徒把握）中間考査（試験の注意・各教科との連携・教室整備・成績一覧表作成）
6月	PTA総会・学級PTA（出欠席・資料準備）面談週間（生徒把握・進路）修学旅行関係（コース，班決め・参加承諾書）
7月	文化祭企画（アドバイス）期末考査（試験の注意・各教科との連携・教室整備・成績一覧表作成）修学旅行関係（健康調査・緊急連絡先調査・既往症把握）終業式（通知表・夏季休業中の注意）
8月	文化祭準備（アドバイス・安全管理・金銭管理）
9月	文化祭・体育祭（生徒把握・安全管理・金銭管理・生徒指導）

10月	中間考査（試験の注意・各教科との連携・教室整備・成績一覧表作成・欠課時数の確認）3年選択科目決定（面談・集計・保護者承認）修学旅行関係（しおり読み合わせ・事前健康調査）
11月	修学旅行（引率・健康管理・安全管理・生徒指導）
12月	期末考査（試験の注意・各教科との連携・教室整備・成績一覧表作成・欠課時数の確認）終業式（通知表・冬季休業中の注意）
1月	実力テスト（進路面談）
2月	マラソン大会（健康観察・安全管理・生徒把握）
3月	学年末考査（試験の注意・各教科との連携・教室整備・成績一覧表作成・欠課時数の確認）終業式（通知表）指導要録作成（資料準備）次年度の準備（クラス分け・引き継ぎ・各種帳簿準備）

■ 2年3学期は3年0学期

　2年生は部活動も充実する時期です。2年の文化祭ではクラスの仕事が部活動で参加できないといったことが起こります。クラス内で衝突が起こることもあります。担任として注意深く見守りながらサポートしましょう。

　また2年生は学校生活が充実している反面，1年生のときの緊張感も薄れ，3年生のように目の前に進路があるわけでもないので，どうしてもなかだるみしがちです。10月に3年次科目選択の決定があるので，それに向けて進路に目を向けさせることが大切です。11月の修学旅行が終わったあとは気持ちを切り替えて3年0学期（3年からスタートする進路の，準備期間のこと）の意識をもって学習に取り組むような落ち着いたクラス運営をします。

（肥後　利朗）

1年間のスケジュール
（3年担任）

要チェック 👆
「進路実現は団体戦」を意識したクラス経営をする

■ 1年間の進路計画をしっかりと立てる

　3年生は生徒の進路実現に向けて生徒や保護者との進路相談が増え，推薦書や調査書作成など事務的な作業も増大します。

月	行事・業務（例）
4月	生徒把握（学年会議・指導要録・前担任からの聞き取り）年度当初のLHR（クラス目標・自己紹介・クラス係決め）進路調査（面談・資料作成）進路年間計画の作成（進路との連携）進路別説明会（進路との連携・情報把握）
5月	体育祭（安全管理・種目決め）スポーツテスト・身体計測・検診（生徒把握）中間考査（試験の注意・各教科との連携・教室整備・成績一覧表作成）校内模試（結果把握・面談）
6月	PTA総会・学級PTA（出欠席・資料準備）三者面談（資料作成・進路相談・日程調整）総合型選抜説明会（進路との連携・情報把握）
7月	文化祭企画（サポート）期末考査（試験の注意・各教科との連携・教室整備・成績一覧表作成）終業式（通知表・夏季休業中の注意）校内模試（結果把握・面談）夏季進学補習（申し込み）

8月	文化祭準備（サポート・安全管理・金銭管理）夏季進学補習（生徒把握）保護者面談（進路相談）調査書作成（資料準備・点検）
9月	文化祭・体育祭（生徒把握・安全管理・金銭管理・生徒指導）就職試験（面接練習・志望理由書指導）推薦会議（資料作成）推薦書類作成（推薦書・調査書）推薦者指導（面接・志望動機）
10月	中間考査（試験の注意・各教科との連携・教室整備・成績一覧表作成・欠課時数の確認）校内模試（結果把握・面談）
11月	受験プランシートの作成（アドバイス・面談）
12月	期末考査（試験の注意・各教科との連携・教室整備・成績一覧表作成・欠課時数の確認）終業式（通知表・冬季休業中の注意）調査書作成（点検）
1月	共通テスト（注意事項・自己採点指導）調査書発行（点検）学年末考査（成績一覧表作成）自宅学習期間（注意）
2月	受験結果報告（データ入力・面談・アドバイス）
3月	卒業式準備（呼名簿・卒業証書・卒業アルバム・返却物）卒業式（卒業証書・通知表・卒業証明書）指導要録作成

■ 卒業式に向けて

　3年生の担任の仕事は進路が主です。生徒や保護者との面談や相談，推薦書や調査書の作成，面接練習や志望動機の指導など多岐にわたります。

　3月の卒業式は担任最後の仕事です。3年間いろいろな苦労があったかもしれませんが，無事卒業式を迎えられて担任をしていてよかったなと思える瞬間を迎えたいものです。

（肥後　利朗）

1日のスケジュール

毎日のルーティン業務は的確に，急な業務は優先順位付けする

　担任は教科，学年，校務分掌，委員会，部活動などにも属しているので，それらの業務と平行して担任としての仕事をします。

　クラスのことで急な業務（生徒指導や生徒の怪我など）も入ることが多いのですが，毎日のルーティン業務には次のような業務があります。

■ 毎日のルーティン業務（例）

8:15～ 8:30	朝の打ち合わせ	12:35～13:10	昼休み
8:30～ 8:40	SHR	13:20～14:10	5限目
8:45～ 9:35	1限目	14:20～15:10	6限目
9:45～10:35	2限目	15:15～15:20	SHR
10:45～11:35	3限目	15:20～15:30	清掃
11:45～12:35	4限目	15:30～	放課後

8:00　出勤

　欠席連絡の確認（事務からの電話，ICT端末）をして学級日誌・出席簿・配布資料などを準備します。

　朝の打ち合わせ前は結構忙しくて，欠席連絡の確認だけでなく授業が1時間目にあるときにはその準備もしなければならず，うまく時間調整して出勤

するようにします。

8:15　朝の打ち合わせ（全体）

　今日の日程確認，各分掌からの連絡（教務部からの日程連絡，生徒指導部からの注意喚起，総務部からのPTAアンケートの依頼，保健室からの注意喚起，委員会の連絡等）があります。

　朝の打ち合わせはまず全体で行われますが，そのときの連絡や注意などはメモを取って確実に生徒に伝えるようにします。自分のクラスだけ委員会の集まりを聞いていなかったなどがあると，生徒に不信感をもたれます。

8:20　朝の打ち合わせ（学年）

　学年独自の連絡や生徒への注意事項，生徒の簡単な状況把握や報告等があります。ここで生徒の案件などがある場合には簡単に報告したりもします。

8:30　朝のSHR

　朝のSHRの時間になる前に教室に行き（打ち合わせが延びることもありますが），教室整備等を行ったりしながら登校する生徒を待ちます。

　規定の時刻になったら挨拶をして出欠確認，今日の日程確認，配布物，提出物の回収，委員会の連絡，生徒の呼び出しなどをします。

　朝の挨拶はきちんとけじめをもってしたいものです。どの時点で遅刻にするかは学年で統一しておきます。クラスによって違うと生徒から不満が出るからです。出席をとりながら，ざっと生徒の様子を観察します。連絡は板書したり，あるいは紙を貼ったりして伝達します。配布物は係の生徒に配布してもらいます。朝のSHRは短いですが生徒とのコミュニケーションは大切にしたいものです。時間があるときには何か一言（ニュースなど）話をするとよいでしょう。

8:40　欠席生徒への家庭連絡

　欠席連絡がなく，教室にいない生徒には1時間目が始まる前に家庭に連絡を入れて状況を確認します。

8:45　授業・空き時間

　授業の空き時間には授業準備，教科・クラス・分掌・委員会・部活動など

の仕事をしますが，仕事に優先順位をつけてこなしていくことが大事です。

12:35　昼休み

　委員会の集まり，生徒面談，質問への対応，生徒呼び出しなどがあり昼食の時間がとれないときがあります。空き時間に昼食をとることもあります。

13:20　授業・空き時間

　授業の空き時間には授業準備，教科・クラス・分掌・委員会・部活動などの仕事をします。生徒の怪我や病気など緊急な場合はそちらを優先します。

15:15　帰りの SHR

　挨拶をして出席簿で出席確認をします。欠課がある生徒に対してはすぐに理由を確認します（具合が悪くて保健室に行っていた等）。明日の日程確認や連絡をします。

15:20　清掃

　清掃監督（全員清掃の場合は帰りの SHR と清掃が逆になります）をします。清掃もまた生徒とのコミュニケーションがとれるよい機会です。雑談でいいので積極的に生徒と話をしましょう。

15:30　放課後

　出席簿の整理（出欠黒板への記入），学級日誌へのコメント記入，委員会，面談，質問への対応，補習，明日の準備，授業準備，教室整備・点検，教科・クラス・分掌・委員会の仕事，部活動などがあります。

　放課後には出席簿の統計をとっておくと集計するときに便利です。学級日誌のコメントを通して生徒と対話することは，担任として生徒の授業中の様々な考えを知る楽しみもあり，また生徒理解に役立ちます。帰る前に教室に行き，簡単に教室整備・点検をしておきます。

（肥後　利朗）

2章

新年度準備

中学校からの引き継ぎ

　新たな環境の高校でスムーズにスタートを切り，生徒のよりよい育ちを支えるために学級担任をはじめ同学年の教員，養護教諭，管理職等，多くの教職員の目で生徒理解に努める必要があります。そのためには，それまでの支援を継続することが大事になり，学校間における連携が必要です。

■ 入学前の情報収集

　担任として生徒の中学校時代の生活の様子や，課題，強みと弱みなどを知る上で，調査書はとても役立ちます。特別活動，委員会活動，部活動や出席状況等３年間の記録すべてが記載されているため，入学前にはクラスの生徒全員の調査書に目を通すことを勧めます。気になる生徒がいる場合は，中学校へ問い合わせて情報を共有します。進学先の高校へ伝えたいことがある中学校は，入学前に連絡をしてくることも少なくありません。事前に新入生や学級担任となるクラスの生徒の情報を把握しておきましょう。

■ 中学校との連携

　進学時の移行支援は心身に負担が大きくなることも考えられるため，近年では，中学校と高等学校間の連携が重視されています。小中一貫教育を推進，

中高のスクラム事業や教育資源の活用など，それぞれの地域や学校の実態に合わせた「連携」が始まっていますので，勤務校の連携がどのようにされているのか確認しましょう。また，入学者選抜における合理的配慮の提供が必要な生徒については，中学校と高等学校間で入学者選抜前に情報連携を図ることが必要となります。入学者選抜での合理的配慮の提供が必要ない生徒については，合格が決まってからの引き継ぎとなるケースがほとんどです。期間は短いですが，合格者集合から入学式までの間の引き継ぎが必要になることを念頭に置き，中学校と高等学校双方が積極的な姿勢で引き継ぎを行うことが重要なポイントになります。積極的につながろうとするスタンスをもち，入学予定者の在籍する中学校を高等学校の教員がチームで訪問し，具体的な状態や支援方法等の確認と引き継ぎを行います。このとき，高等学校の生活で想定される課題を念頭に，具体的に協議していくようにしましょう。

■ 校内における引き継ぎの留意点

校内引き継ぎ委員会を開催し，これまでの指導・支援と今後の課題について整理した上で，学校の責任として確実にその内容を引き継いでいくことが重要です。「生徒の人間としての成長と発達を支援する」という視点を常にもち，学校間が手をとりあって生徒を守っていくことです。

「継続的な指導・支援が必要な生徒」「見守りが必要な生徒」は，担任が中心となって，引き継ぎシートを作成し，生徒の特徴等に応じた，きめ細かな指導・支援が行えるよう，より具体的に指導目標や指導・支援の内容等を記入しておきましょう。この引き継ぎシートが勤務校にない場合は，必要な情報をシートにまとめ，校内支援委員会の記録，関係機関との相談歴及び助言等も記入（入力）していくようにするとよいでしょう。

なお，個別の教育支援計画及び移行支援シートを引き継ぎ資料として用いる場合は，保護者の了承を得ることが原則です。引き継ぎにかかる保護者への理解・啓発も計画的に行いましょう。

（黒川　昭宏）

新年度準備リストづくり

要チェック 👆
学級担任と教科担任を区別して準備リストを作成する

　1学生の新学期におけるリストづくりは大切です。各学年始まりでもクラスでのオリエンテーションが設けられています。

　新学期当初，生徒が話し合いで決定する内容，教員として準備するところから始まります。

■ 学級担任の準備リスト

　ここでは，担任を受けもつ上で新学期に準備しなくてはいけないものをリスト化し整えておきましょう。

HR等で必要なもの
□出席簿
□学級日誌
□新学期初めの予定表（オリエンテーション等の日程）
□清掃用具等の確認
□学期当初の配布書類
□生徒からの回収物リスト
□掲示物等で必要なもの
□学期当初の座席表とロッカー配置

```
□清掃分担表
□日課表
□授業時間割表
□年間行事予定表
□下足入れ配置表
```

　担任をもつ上で，最低限必要なものをリスト化したので，これ以外に，気がつくことをメモしたり，先輩教員に聞いたりして，リストの準備を進めることをおすすめします。この他に，部活動の顧問を受けもつ上では，年間活動計画，生徒会に提出する部員名簿，長期休業に向けて，活動計画なども提出が必要となってきます。

■ 教科担当の準備リスト

　教えることが教員の第一の仕事で，教科担当として学習指導計画・シラバス・授業計画の作成を行います。生徒の学力向上のために授業は大切です。高校教師はただ好き勝手に授業を行うのではなく，学習指導要領に沿って1年間の授業計画を組み立てる必要があります。授業で使用するプリントや中間考査・期末考査の問題の作成も行います。

　高校の授業は中学と比べて専門性が格段に上がるため，教師も専門知識を磨いておくことが求められます。また，教科書の改訂があれば教える内容も変わることがあるため，日々勉強が必要です。思い付きで授業を実施してもどこかで行き止まります。1年間で，どんなカリキュラムで授業を実施するのか，授業内容などを事前に伝えておくための資料がシラバス，各単元における授業内容の予定を計画し実践していくものが授業計画書です。現代では，選択制の授業が取り入れられ，種目の人数や活動場所，担当職員の配置等も求められます。計画性をもって授業を実践していくために，自分の受けもつ授業の出席簿も事前に準備しておきましょう。

（黒川　昭宏）

配布資料等の準備①

要チェック
配布資料のリストと生徒用提出物確認ファイルを作成する

配布資料のリスト作成

新年度には，新学年に応じた配布資料が多くあります。ここでは特に配布資料が多く，また教員が把握して回収する必要がある新入生に対する資料について紹介します。以下は，その配布物の一例になります。

【事務手続書類】

□入学料納入について　　　　□学校徴収金等口座振替について

□身分証明書発行台帳　　　　□身分証明書について

□同意書・委任状　　　　　　□誓約書，誓約書の提出について

【事前購入用資料】

□制服の購入について　　　　□教科書の購入について

□体育着・上履きの購入について

【学校生活上の資料】

□芸術科目選択票について　　□保健調査票（保健室保管用）

□個人調査書（緊急連絡先等記入用紙）□心疾患調査票

□通学届（定期申込書・自転車通学許可証）

□欠席及び遅刻の連絡について　□入学前の課題について

配布物は説明資料とお知らせも渡し，その趣旨を理解してから提出するよう促します。義務教育と大きく異なるのが，「修学援助制度」です。家庭の教育費負担軽減を図るための，国による授業料支援の仕組みを担任として理解し，該当する生徒ならびに家庭に対して適切に対応できるようにしておきましょう。さらには，学校おける合理的配慮の提供にかかわる申出の（意思の表明）についても確認しておき，これまでの支援が引き継げるのかどうか，高校ならびに学級でできる合理的配慮を検討するためにも，合理的配慮とそれにともなうチーム学校についても入学前準備の一つにつなげます。

■ 生徒用提出物確認ファイルを作成する

　新年度が始まると新入生には学校紹介の冊子，進路のしおり，生徒会誌，PTA会報，生徒手帳等，主に学校の様子がわかる資料や保護者へ伝達するプリント等を配布します。2・3年生も新年度学年の学校生活を送るために必要な情報や提出物に関する資料を配布します。そして新年度早々のこの時期は，生徒の提出書類や課題を集める機会がたくさんあります。回収の確認を時短にしつつも確実に行うために，提出した生徒がその場で，自分自身で提出確認ができる仕組みにするのも一つの方法です。行う教師の作業は，以下の通りです。これ以外にも，提出用一覧をチェックする用紙をA4封筒に入れて，提出させる方法もあります。

> (1)ファイル（ファイルボードバインダー，あるいはA4かA5ファイル）を用意し，名簿の欄に提出物名を書き，綴じます。ボールペンを紐でつないでおくと，すぐに〇をつけることができます。
> (2)提出したら，〇をつけるように生徒に指示をします。
> (3)〇がついていない生徒の名前を呼んで提出の有無を確認し，未提出の場合は，提出を促します。

（黒川　昭宏）

配布資料等の準備②

■ 学級通信

　新年度が始まり，生徒は新しい担任の先生はどんな人か，人間関係はうまくいくか，どんなクラスになるのか……など様々な不安と期待を感じています。保護者も同様に，自分の子をどんな担任の先生が見てくれるのか気になっています。学級通信を通して自分の考えをしっかり伝えていきましょう。学級通信の内容は次のようになります。

・自己紹介
・学級方針
・週の予定
・提出物

　自己紹介は，「私はこんな人です」と生徒に伝えることが目的です。例えば担当教科，常駐場所，楽しみにしている学校行事など学校生活と関連したことと特徴を伝えてあげるとよいでしょう。親しみをもてるよう爽やかに伝えます。また，学級方針は，学級目標，学習方針，学級ルールなどを示すとよいでしょう。内容については学年目標と関連付けると，学年内における指

導に一貫性をもつことができます。文部科学省は「子どもの徳育の充実に向けた在り方について（報告）」の「子どもの発達段階ごとの特徴と重視すべき課題」（4）青年中期（高等学校）にて次の課題を示しています。

・人間としての在り方生き方を踏まえ，自らの個性・適性を伸ばしつつ，生き方について考え，主体的な選択と進路の決定
・他者の善意や支えへの感謝の気持ちとそれにこたえること
・社会の一員としての自覚を持った行動

　2年生であれば1年間学校生活を送り，1年次よりも見通しをもって過ごすことができます。1年次の経験を活かして自ら考え，行動・意思決定できるよう「主体性」を主とした目標を立てることが望ましいです。3年生では，進路決定が主となる1年間であるとともに高校生活最後の1年で，そして成年となる年齢でもあります。自分のとる行動に責任が伴うことの自覚をもつとともに，卒業後の進路先でさらなる活躍ができる人となるよう「責任」や「意思決定」を主とした学級目標を立てることが望ましいです。

　4月は新入生への部活動紹介や，学力テスト，面談など慌ただしい時期です。見通しがもてない中での生活は生徒に不安やストレスを与えるので，直近の週の詳細な予定と，4月の大まかな予定表をどこかへ示してください。時間割や，授業担当者，移動教室など授業に関する情報も併せて載せるとよいでしょう。提出物は，年度当初は，生徒から回収するものが多くあります。併せて提出期限も掲載し，提出忘れがないように生徒に促しましょう。

学級通信の意義

　教師と生徒，教師と保護者，そして生徒と生徒をつなぐことができるのが学級通信です。1年間を通して，無理のないペースで発行してみましょう。自分自身の実践の振り返りにもなります。

（安藤　寛朗）

教室環境の整備①

■ 机，椅子，カーテンなど

　新入生を迎えるにあたり，教室環境の整備は特に欠かせません。前に使用していた学年の先生方が，通常は教室の整備をしてくれます。しかし，新担任となる教員はさらに環境整備を整えましょう。教室内のみならず，教室の出入り口，廊下の環境整備も忘れずに行うことがポイントです。

　第一に行うのは教室の環境整備です。机，椅子は整備されているのか，床や壁などに汚れはないかを点検しましょう。

　日常使用する机，椅子は長年使用していると天板などに傷があったり，ささくれになっていたりする場合があります。クラスの生徒の分，すべて一つずつ点検をしておきましょう。机，椅子のガタつきについても点検が必要です。机，椅子の足にはキャップがついています。一つでもない場合は修理しましょう。技能員に伝えておけば修理してくれます。なお，それでもひどいガタつきがある場合は交換をした方がよいでしょう。

　次にカーテンとフックです。カーテンを閉じた状態でカーテンに汚れはないかを目視します。カーテンは完全に閉じて日光を遮断できる状況が望ましいです。カーテンフックがないとスムーズに開閉ができません。

ここからは，要チェック箇所です。生徒誰もが，気持ちよく授業を受けられなければなりません。教室に異臭はないかゴミ箱を確認しましょう。

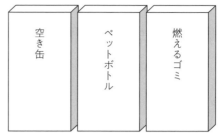

　学校によってはゴミの分別を推奨している学校もあります。なかでも，空き缶用，ペットボトル用について点検しましょう。飲み物が残っていたりすると，異臭の原因にもなります。

■ 掲示物や黒板

　一人ひとりがこれから始まる学校生活を妨げず活力ある学校生活を送れるよう学級担任は努力をしなければなりません。そこで，クラス目標を掲げてみたり，年度当初は生徒の自己紹介プリントも掲示したりするなどして互いに自己肯定感を高めるための工夫をしてみましょう。担任によっては，後方の黒板を利用して定期考査までの学校行事や委員会の予定，考査の範囲を板書し予定を見通すことができるように工夫しています。これらは担任裁量ですが，生徒にわかりやすく伝達することが求められます。

　今まで述べてきたように学級担任を受けもつ上では，教室環境の整備は重要なものになってきます。生徒が学校生活に慣れてくるといろいろな意見も聞けるようになります。生徒にとって居心地のよい教室環境となるように，生徒の意見も聞きながら学級づくりをすすめましょう。

（黒川　昭宏）

教室環境の整備②

教室掲示物の種類

教室に掲示するものは主に5つとなります。これらのおすすめの掲示場所や掲示する際の工夫を紹介します。

・校則等
・クラス
・進路
・学校行事
・その他

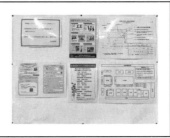

　校則等に関する掲示物は，目につきやすくかつ，じっくり見られるように教室後方に掲示します。後方は掲示スペースが広く，また多少空間にも空きがあるため立ち止まって見ることができます。駐輪場や身だしなみなどは，学校生活に慣れるまで必要な情報となるので，ラインマーカーを引いたりして目立つようにしておくとよいです。

　クラスに関する掲示物は，時間割表や係分担表，清掃分担表，学級目標などが主になります。これらは教室前方の空きスペースに掲示するとよいでし

ょう。朝のSHR等では，委員会の連絡や時間割の連絡などもあります。前方に掲示しておけば，連絡の際に教師・生徒ともに確認しやすくなります。時間割表については，模造紙を用意して生徒に作成してもらうのも手です。印刷よりも味が出てクラスの個性が表れ，温かい雰囲気になるのでおすすめです。

■ 掲示物の工夫

　これらの掲示物は，文化祭や高校入試のときなどには撤去しなければなりません。したがって，一枚一枚を画鋲等で掲示すると，剥がす際もまた掲示する際も時間がかかり大変苦労します。そこでちょっとした工夫があります。これらの掲示物を大きめの模造紙等に貼り付けて，模造紙を台紙として掲示しています。これにより撤去・再掲示が格段に効率よくなります。ぜひ，試してみてください。

　教室内の掲示物は様々な種類の掲示物があります。どこに何の掲示物があるのか，わかりやすくするために「進路コーナー」や「校則」などの見出しプレートを作成するのもよいです。生徒の実態に合わせて，色や形，大きさなどを工夫しましょう。

■ 教室備品の清掃・点検

　新年度，気持ちを新たにして教室に入ったとき，清潔感が感じられないと気持ちが下がってしまいます。新学年の門出を祝う気持ちで，備品の点検や室内の清掃をしましょう。特に，机や椅子のガタつきや大きな傷などは技能員や，管理厚生の先生に報告し対応を考えてもらいましょう。

　また，ロッカーの点検も必要です。破損のチェックと中に何も入っていないことを確認しましょう。

（安藤　寛朗）

教師の仕事環境の準備

要チェック 👆
昨年度の整理と新年度の準備は3月にする

　教師の3月はこれから新学期を迎えるために仕事環境を整える大切な月です。このときをおろそかにすると，これから1年間分の文書・資料などが机の上や回りにうずたかく積まれることになります。思い切ってスッキリさせ仕事のしやすい環境にしましょう。

■ 旧年度の整理

①机の中の整理

　机の中でいつの間にか不思議とたまるのは，ボールペン・消しゴム・クリップ・輪ゴムなどの文房具ではないでしょうか。机の中に置いておくのは必要最低限にして，あとは物品を管理しているところに戻す，または部屋の人が共通で使える場所に置いておくなどして，机の中をスッキリさせます。

②パソコンの中の整理

　まず，いらないデータは削除します。昨年までのデータは「2023」などの年号を付けて一つのフォルダに入れます。その中にまたフォルダをつくり分類していきますが，フォルダをあまりたくさんつくらず，階層を深くしない方がファイルを探しやすいです。同じような名前のフォルダをつくると，結局どこに入れたのかわからなくなり探すのが面倒になります。

③紙の資料の整理

　学校はまだ紙の文化が残っています。すべてを電子データでやりとりしている学校はおそらく少数です。多くはラベルをつけたファイルに，項目毎に分類して文書を綴じ込んでいると思いますが，このファイルの中身もどんどんたまっていって，時間がなくて忙しいと穴を開けることもせずただ挟み込んでおくといった状態になります。スキャンして電子データで保存するのも手ですが，なかなか作業の時間がとれません。そこでよく見る文書だけ別にして，あとは思い切って処分してはどうでしょうか。文書は必ず学年主任や教務でも保管しています。必要なときに見せてもらえばいいのです。

■ 新年度の準備

①教科の準備

　問題集を発注します（教科でまとめて発注する場合もあります）。届いたらクラスごとに分けておき，新学期にすぐ運べるようにしておきます。また，クラスごとに名票を貼った教務手帳をつくっておきます。

②担任の準備

　出席簿に名票を貼り，学級日誌の準備をします。穴あきファイルの場合は長い間使用していると外れてしまうので，ビニールパッチで補強しておきます。さらに教室の整備・点検をします。机・椅子・カーテン・照明・清掃用具・ロッカーなど瑕疵がないかチェックします。

③分掌の準備

　前任者からの引き継ぎファイルなどを参考に，新年度の準備をします。旧年度の資料や文書類はしまい，新年度のものを手に取りやすい所に配置して，新しい気持ちで４月をスタートさせます。仕事環境をリフレッシュすると，気持ちも切り替わってやる気がアップします。

（肥後　利朗）

1人1台端末の準備

■ 使用時のルールを学校で検討し，明示する

　1人1台端末を使用するにあたっては，学校ごとにルールがあります。ルールに従って使用できるように，ルールを記載した配布物及び掲示物の用意が必要です。以下は使用ルールの例となります。

(1)端末には氏名シールを貼ること（端末の取り違え等を防ぐため）。

(2)毎日必ず持ち帰り，移動教室等で使用しないときはロッカーに保管し鍵をかけること（盗難・紛失防止のため）。

(3)授業などで使用する場合は担当者の指示に従って使用すること（身勝手に使用した際に指導しやすくするため）。

(4)充電は家庭で行い，学校では行わないこと（公の施設の電気を許可なく使用してはいけないため）。

(5)校内において，人物や物を無断で撮影したり，インターネットに公開しないこと（学校セキュリティの観点や肖像権等の人権保護の観点から）。

　ルールを検討するにあたり，重要な点は盗難・紛失対策と，学校セキュリティを維持するための使用制限です。前者については，端末自体が高価であること，個人情報を含むデータが漏えいする恐れがあることから，事象が起きないよう万全な対策，環境を整える必要があります。例として，鍵付き

（鍵は生徒が用意）ロッカーの設置をし，鍵をかけて保管するよう指導をします。盗難等の防犯を目的に教員による見回りを実施するなどが挙げられます。後者については，スマートフォンやタブレットがインターネットにつながっていれば，誰でも動画や画像，文字として情報を発信することができてしまいます。SNS等での嫌がらせやいじめ防止のみならず，セキュリティの観点も含め，校内での使用ルールについて検討することが必要です。

■ 入学前の保護者及び生徒への説明

　入学許可候補者説明会等で，事前に端末の準備及び運用について伝える必要があります。文部科学省が推奨する仕様等を参考に資料を作成し説明するとよいでしょう。

■ 総合的な探究の時間での活用

　学級担任として活用する場面は，LHRや総合的な探究の時間が主になります。総合的な探究の時間では，「問題解決」を学習目的として題材を設定することが多くあります。生徒が端末を活用して学習活動に取り組めるように，どのようなツールが使えるか調べて準備をしましょう。例えば千葉県はMicrosoft365のアカウントが生徒一人ひとりに与えられます。Microsoft365から，Whiteboardを使用することで，ブレーンストーミングやKJ法などといった，話し合いと情報の整理・分析を行うことができます。

右は「自分が住む街のソーシャルデザインについて考えよう」という単元にて，夏休みに現地調査や情報収集した結果を整理・分析するために，フィッシュボーンを活用した例です。テンプレートからフィッシュボ

ーンを選択するだけで図を作成することができます。作成した図を画像として提出してもらえれば，あとは印刷して教室に掲示するだけです。

　見映えがよく，内容についても他人が見たときにわかりやすいです。生徒も自分たちの学習活動の成果をすぐにこのような形で公開されれば，やる気につながります。従来であれば，模造紙やマジックペン，チャート図の書き方の指導など準備に時間と費用がかかっていました。しかし，1人1台端末をもつことで，教材のアナログからデジタルへの変換が可能となりました。この環境を活用するには，ツールの使い方や環境の整備，生徒への技術的支援などが必要となりますが，十分な見返りはあると思います。勤務校ではどのようなツールが使える環境なのかを確認し，その使い方について学んでおきましょう。

■ 校内 Wi-Fi の接続支援

　校内で使用できる Wi-Fi については，使用するにあたり，申請手順がやや複雑なものとなっています。まずは自分の端末が接続できるように手順を済ませ，一連の流れを理解しましょう。ICT に関することは担当する職員だけではなく，自分自身でもある程度対応ができるとスムーズに事が進みます。他 OS のマニュアルについても目を通しておき，できる限り接続支援ができるようにしましょう。

（安藤　寛朗）

3章

入学式・始業式

入学式の準備
（1年担任）

　入学式は何度経験しても緊張しますが，特に初任や初めて担任をもつ教員として迎える入学式はなんとも言えない特別な感情が伴います。準備に必要なものは各学校によって違うとは思いますが，最高なスタートを切るためにいくつかのポイントを考えてみます。

■ 同僚・他学年教員とのかかわり

　この項目は「入学式以前」から意識すべきことです。初の担任にとって，経験豊富な先輩教員からのアドバイスはとても貴重なものです。入学式以前から積極的にコミュニケーションをとり，よい関係構築を心掛けましょう。入学式前に1年間同じ学校で副担任としての経験などがある場合は，先輩教員とのかかわりもできてきたところだとは思いますが，着任してすぐ担任を割り振られる可能性もあります。この場合は3月末の打ち合わせから4月頭の会議，そして入学式ととにかく目まぐるしく時間が動きます。誰に聞いたらよいかもわからないということもあるかもしれません。そんなときは管理職に相談するか，1年前に入学式をやっている2年生の担任に声をかけてみましょう。きっとどんな心構えでいたらよいか教えてくれます。

■ 服装と身だしなみ

　入学式とは，新入生や保護者と初めて顔合わせをする最も大切な1日です。自身の学校現場に応じた適切な服装を心掛け，清潔感を保つことは非常に重要です。前年度の入学式で1年生担任団がどのような服装で臨んでいたかはぜひ確認しておくとよいでしょう。「当日の服装・持ち物チェックリスト（1年担任)」にていくつか例を詳述します。

■ スケジュールの確認

　入学式の日程とタイムテーブルを確認しましょう。学校のスケジュールや予定されているイベントについての情報を関係分掌と確認し，自分の担当するクラスの生徒がどのタイミングでどこに集まるのか，担任はいつどのような動きをすればよいのかを事前に必ず把握しましょう。式典関係はたいていの学校では「総務」と呼ばれる分掌が管理しています。総務部に所属している同僚や，先輩教員に声をかけ，流れを確認しましょう。一般的な流れについては「当日の流れ（1年担任)」にて詳述します。

　準備の最後に，深呼吸をしましょう。呼吸において大事なことは息を吸うことより「吐き切ること」です。吸うことばかり意識しても，意外といい空気は入ってきません。ですが，まずこれ以上出せないほどに息を吐き切ると，その後は自然と吸うことができます。「呼吸」の「呼」は吐くことで「吸」は吸うことです。字の通り，吐いてから吸えば，いい深呼吸ができますよ！

　初任の教員としての入学式は，生徒，保護者との初めての出会いであり，教員としての大きなスタートを切る大切な瞬間です。緊張や不安もたくさんあるとは思いますが，この本を手に取られている方ならきっと大丈夫です。

（森部　雅大）

当日の服装・持ち物チェックリスト
（1年担任）

要チェック 👆
「備えあれば憂いなし」の姿勢で臨む

■ 服装

　学校の雰囲気や個人の考えによって，どのような服装にするかは異なります。例えば，「式典」であるため，礼服で臨む方もいれば，祝いの場であることを重視し明るい色の小物などで演出をする方もいます。初任の男性教員であれば，黒ベースのダークスーツに白シャツ，ネクタイとポケットチーフの色味は合わせておくと統一感があります。初任の女性教員もダークスーツに白のブラウス，華やかなコサージュなどを持っていれば身に着けてもよいでしょう。

　一番気をつけてほしいのは「靴」です。普段の勤務では，上履きとしてスニーカーや，場合によってはサンダルなどを使用している先生も多いですが，式典のスーツには少しラフすぎます。革靴やパンプスなど，服装に対して浮かない靴を室内用に一足用意しましょう（普段外履きのものを，当日のみ靴底を綺麗に拭くだけでもよいです。特に初任のころはコスパ命です）。次のページの「持ち物」にてリストアップします。

■ 持ち物

　ここでは当日必要なものと，担任として持っておくとよいものをリストにしました。勤務校の実態に応じて持ち物を加えてください。

①入学式当日必要なもの
☐スーツ，ネクタイ，小物一式
☐式典に適切な靴
☐着替えのシャツ，靴下等
☐ハンカチ，ティッシュ
☐腕時計
☐生徒の提出物点検用の名簿
☐提出物仕分け用のファイルまたはダブルクリップなど

②担任として持っておくとよいもの
☐印鑑，朱肉
☐文具（メモ用のシャーペンや消えるペンと，帳簿記入用のボールペン，サインペンなど）
☐付箋（簡単なメモとして出席簿などに貼ったり，生徒にメモを渡したりするときに便利です）
☐定規（出席簿等に斜線を引くことなどがよくあります）
☐手帳（使いやすいもの）
☐磁石
☐画鋲
☐クリップ
☐動きやすい服（教室整備や掃除等の準備時用）

（森部　雅大）

当日の流れ
（1年担任）

流れは確認しつつ，身を任せる

　勤務内容としては，入学式当日は会議から始まります。会議が終わるとその後はバタバタと入学式関連の業務が続きます。そのため，当日に教室整備をしたり，印刷をしたりといった時間はないと考えた方が無難です。必要なものは前日までに準備し，当日は来るだけにした方がよいでしょう。

　以下はあくまで一例ですが，時系列で記載しておきます。

■ 入学式当日の流れ

7:50　出勤（8:20始業なので，余裕をもって30分前に着くようにします）
8:20　朝の職員打ち合わせ（伝達，1学年職員挨拶など）
9:20　新入生登校完了
9:20〜10:00　朝のHR

　ここでは主に入学式前の確認事項などを生徒と共有します。生徒の並び順はここで必ず確認をしましょう。入学式や卒業式では2列で並び，二手に分かれて入場することが多くあります。その場合，並び順は始めと終わりを先頭にします。ここを間違えると入学式中の「呼名・起立」時に，自分のクラスだけ逆方向から起立することになり，大変恥ずかしい思いをします。名前の呼び方とあわせて，これらについてしっかりと確認しましょう。

　入学式の前に，教室でできるだけ多くの新入生に話しかけてみましょう。

リラックスした雰囲気で会話を楽しんで，生徒たちとの信頼関係を築くことが大切です。「この先生なら安心できそうだ」という感覚をもってもらうことは，緊張する式典の前にも，その後の教育活動にもいい影響を与えます。ただし，中にはとても緊張している生徒もいるので，様子を観察しながら適切な距離感で声がけを考えていきましょう。

10:20〜11:20　入学式
11:30〜12:00　帰りのHR
　この時間で提出物を回収することが多いです。点検には名簿を用意しておくとよいですが，とにかく書類が多いのでその場で点検している暇はないかもしれません。会計や就学支援金などの事務書類や，健康状況調査などの保健書類など，学校によって回収物に違いはありますが，とにかく数種類の書類を一気に回収するので，仕分けできるように準備しておきましょう。

12:00〜12:45　保護者会
　この時間で担任・副担任の自己紹介，クラス方針の共有，次の日以降の連絡などを行います（お弁当が必要かどうかを気にしている保護者が多いです）。最後に一番大変な仕事である「PTA役員選出」があります。数名選出しますが，すぐに立候補が挙がることの方が稀です。立候補しやすくするための声がけとして「学校のイベントに参加しやすくなる」「保護者同士のつながりができる」などのポジティブな声がけが有効です。また，避けた方がよい声がけとして「意外と楽ですよ」とか「そんなに仕事はないですよ」などがあります。こう言われてしまうと「楽だからやるのかと思われたくない」という心理が働きやすくなるので，より手が挙がりません。

12:45〜13:30　昼休み
13:30〜定時　次の日のオリエンテーションなどの準備

（森部　雅大）

出会いの演出

（全学年）

　「始まりが肝心」とはよく言いますが，初の HR や授業での出会いの演出が極めて重要であることは言うまでもありません。ただ，そうは言っても自分にプレッシャーをかけすぎることはありません。お互いにまだあまり知らないのですから，うまくいかないこともあります。そんなときに自分のことも生徒のことも責めずに赦してあげる大らかでリラックスした気持ちをもつことが大切です。最初はうまくいかなくても，取り返すために３年もあります。肩の力を抜いていきましょう。

　これから「出会いの演出」としてできることをいくつか述べていきます。

　まず，出会った瞬間の生徒の気持ちを考えてみましょう。「どんな先生なんだろう」「クラスメイトとは仲良くできるだろうか」「知らない人ばっかりだ」など，とにかく不安でいっぱいの生徒が大半です。そんな中で担任教師が「よし，全員の前で自己紹介しよう」としてしまっては，次のようになるのも無理はありません。

例：生徒「○○です。部活は～～です。よろしくお願いします……」

　これが40人続きます。どうですか？　少し緊張感はないでしょうか？　人前で話すというのは，心理的ハードルが非常に高いものです。最終的にできるようになった方がいいかもしれませんが，なるべくハードルは小さく始めるべきです。最低限踏むべきステップとして，①「ペアで話す」→②「小さ

なグループで話す」→③「人前で話す」くらいはあった方がよいでしょう。

　「出会いの演出」ということに的を絞るならば，①「ペアで話す」〜②「小さなグループで話す」くらいまでで大丈夫です。したがって，ペアで話すためのアイデアを以下に示します。

■ ペアワークアイデア

　「Two Truths and a Lie ２つの真実と１つの嘘」というゲームを紹介します。これは有名なゲームですが，後に話のきっかけにもなるためおすすめです。

用意するもの：白紙とペン（紙のサイズは問いません）
やり方：
①１人１枚紙を配り，筆記用具を出すよう指示します。
②紙に「自分自身に関して，本当のこと２つと嘘１つ」を紙に書くように指示します。（ここでイメージしやすいように黒板に書き，見本を見せます）
　発話例：「はい，それではいきなりみんなの前で自己紹介というのも緊張するので，まずはペアトークから始めます。たくさんペアを替えるので，楽しんでくださいね。まず，配った紙に自分に関する２つの真実と１つの嘘を書きます。まず私のお手本を見せます。私は，（１）末っ子で，（２）甘いものが嫌いで，（３）英語が好きです。さあ，どれが本当で，どれが嘘でしょうか？（１）だと思う人〜〜〜？」などのように自分の例をもとに，生徒に体験させます。
③隣同士でペアをつくり，１人20〜30秒程度で共有させ，相手にクイズを出させます。
④答え合わせをしたら交代します。
　あとは座席を動かしながら何回も違うペアで繰り返します。

（森部　雅大）

生徒への自己紹介
（1年担任）

　初めて担任をするクラスにおいては，担任としての想いを含めた自己紹介ができるとなおよいでしょう。場合によってはPowerPoint等のスライドを作成し，視覚情報を用いながら自己紹介をするのも効果的です。

　ここからは1年担任として自己紹介をする際に話すことのできる例をいくつか述べます。初めて担任をする際に，参考にしてください。

■ 挨拶

　まずは簡単に名前から言います。自分の年齢を話すことに抵抗がないのであれば，名前を述べたあとに年齢をクイズにしてもよいでしょう。3択くらい選択肢を出し，「周りの人と何歳くらいに見えるか話してみて」などと言うと，「意外ともう少し上かな」とか「実はめちゃ若いのかな」とかいろいろと話し始めます。中学校ではアクティブ・ラーニングを導入している傾向が高いので，生徒もペアワークに抵抗がなくなってきたように感じます。

■ 自身のキャラクター，背景，経験

　担任がどのようなタイプの人なのかは，クラスの生徒がとても気にしていることの一つです。笑える範囲のユーモアのある自虐ネタをここで紹介しま

す（意外とおっちょこちょいで，トイレに携帯を流したことがある……など）。教員が完璧でないところを見せることは，生徒との関係づくりを進める上で助けになることが多々あります。いろいろな考えがありますが，自分の弱みや不得手を見せることで失敗は恥ずかしくないと示します。

　また，担任の背景や経験などは生徒の興味を惹きます。新卒で教員になった方であれば，大学時代の経験（サークルや趣味，バイト経験，旅行体験などなんでも OK です）が話せますし，講師経験のある方なら，その経験を経てやっと担任になることのできた喜びなどを含めて，気持ちの入った語り口で話すことができるでしょう。

■ 担当教科，部活動

　自分の担当教科は何で，週何回授業で顔を合わせるのかを共有します。その際についでに自分の教科への情熱を話しても効果的です。生徒にとっては，教員が楽しそうに自分の教科にかかわっていることはポジティブな影響があります。また，多くの生徒は部活動に興味をもっています。自身が顧問，または副顧問を務める部活動は軽く紹介してもよいでしょう。

■ 自分が普段いる場所，連絡手段，オフィスアワーの共有

　自身が普段どこにいるのか，また聞きたいことや相談がある場合はどのようなアクションをとってほしいか（アポの取り方など），また，学校で使えるチャットなどの連絡手段があればその使い方をここで共有します。

　自分の勤務時間（定時は本来何時までで，相談や話をしたいときはどの時間帯なら対応できるかなど）をここで共有することもよいです。そうすることによって，お互いの時間を尊重することや，正しい勤労観などを育成できます。教員の働き方改革も意識し，ある一定の境界線はもっておくようにしましょう。

（森部　雅大）

保護者への自己紹介
（1年担任）

　前述の通り，多くの場合，入学式当日には保護者会があります。生徒の保護者が各学級の教室に入り，担任や副担任は顔を合わせて挨拶をすることになります。

　多くの保護者にとって，自分の大切な子どもを預ける場所の管理者が「学級担任」なので，人となりは非常に気にしています。若手や経験が浅いと，不安もあるとは思いますが，それでも心理的安心感を与えることは可能です。年齢の若さや教員歴の浅さは，不安材料ではなくむしろ財産です。そしてその想いは間違いなく保護者にも伝わります。自信をもって，かつリラックスして臨みましょう。なお，自己紹介以前のことですが，座席表などを黒板に貼り，保護者がどこに行けばよいのか一目でわかるようにしましょう。

■ 挨拶

　ハキハキと，丁寧に挨拶をしましょう。第一印象は言うまでもなく重要です。笑顔で丁寧に挨拶するだけで，保護者の方も安心感を覚えます。

■ 担当教科，部活動

　生徒への自己紹介と同様に，自身の担当教科や部活動の紹介をしましょ

う。

■ 自身の経験

　新卒の教員は，ここで大学時代の学びや経験について話せます。学生時代
の学びについて活き活きと話す学級担任の姿は，「この人なら学びの楽しさ
を教えてくれそうだ」という期待感にもつながるでしょう。

　講師経験などがある場合は，学校で教えていた経験や，それを活かしてど
のような支援をしていきたいかなど，簡潔に話すことで信頼できる印象を与
えられます。

　以下に初担任が話すことのできる例を示しておきます。
・自分自身には教職の経験がないこと
・「自分の子どもを経験のない教員に任せて大丈夫か」と不安に思われる保
　護者の方もいるだろうと想像していること
・しかし，自分自身が直前まで学生だったため「理解者」として，かつ生徒
　にとって年齢も近い「先輩」的な視点からもアドバイスをしていきたいこ
　と
・経験不足は誰よりも学び，進路相談などで，自分自身わからないことがあ
　る場合には生徒と「一緒に」ベテラン教員や専門機関から学ぶ気持ちがあ
　ること

　ここまで話して，「この人大丈夫かな」とは思われません。経験の少なさ
もぜひポジティブに捉えていきましょう！

　保護者を「敵」と捉えず，同じ方向を見ているチームだという気持ちでか
かわっていきます。ただし，保護者とのかかわり方に関して疑問や悩みが生
じた場合には，すぐに管理職や信頼できる先輩，専門家に相談するようにし
ましょう。

（森部　雅大）

始業式の準備
（2・3年担任）

■ 出席簿の作成

　出席簿の準備をしましょう。名簿を印刷して氏名欄に貼り付けます。表紙に担任と副担任の氏名を貼ったり，学級日誌と見分けがつかないものであれば，「出席簿」・「学級日誌」と表紙を貼ったりするとよいです。

■ 自己紹介の準備

　生徒への自己紹介の内容や，生徒同士の自己紹介の流れを考えます。時間に余裕があれば，レクリエーション風な自己紹介の時間にすると交流も兼ねることができてよいです。例えば，生徒間の自己紹介で「他己紹介」を行います。「他己紹介」の流れは次の通りです。

(1)ペアをつくる（知らない者同士となるよう同じ部活などは避ける）
(2)取材する順番を決め５分間自由に取材をし，時間になったら交代する
(3)互いに取材が終わったら，ワークシートに紹介文を書く
(4)紹介文をもとに他生徒にペアとなった相手の紹介をする（※全体あるいは５～６人位のグループで行ってもよい）

この他己紹介にはねらいが2点あります。1点目は，淡白な自己紹介を避けられることです。生徒の年齢的にもこの歳頃の自己紹介は，恥ずかしさや自己肯定感が低かったりして，内容が印象的でなく無難な自己紹介になりがちです。しかし，他己紹介であれば，自分のことをペアの相手が主観を含めながら，概ねいいように話してくれます。これにより自己紹介に比べ情報量が増え，印象に残る内容にすることができます。2点目は，コミュニケーションのきっかけとすることができることです。新しいクラスとなったときの一番の不安は人間関係がほとんどです。その不安を少しでも払拭できるように，まずは話せる友達を一人，この活動を通して築くことがねらいです。

■ 学級通信の作成

生徒・保護者への挨拶や学級運営方針などをまとめた学級通信を作成します。式当日に配布できれば，自己紹介や学級目標などがより伝わります。当日はスムーズに進行できるよう準備をしておきましょう。

■ 回収物や追記箇所の指示

個人調査票や健康調査用紙，氏名のゴム印や春休みの課題などを回収します。新クラスとなり，新しい組や出席番号がわかったので，それらの追記の指示も行いましょう。これらは板書して，記入漏れや回収忘れがないようにするとよいです。

始業式の数日後からは授業も始まります。慌ただしく時間が過ぎていくので春休み中にできる準備はすべて行い，落ち着いて新年度を迎えられるようにしましょう。

（安藤　寛朗）

当日の流れ
（2・3年担任）

始業式

始業式前に服装に乱れがないか確認しましょう。始業式では校長の挨拶から始まり，新しいクラスの職員が発表されます。新しいクラス発表後であれば，生徒にとってはドキドキの時間となります。生徒の素直な反応が見られます。

新しいクラス

生徒の新しいクラス発表は一斉に発表されます。新しいクラスに移動後は，生徒の個人調査票や身体の健康に関する書類など，提出物が多数あります。新しいクラスの組・出席番号など記入が必要な書類もあるので，回収後の手間とならないよう確実に指示を出しましょう。

新しいクラスの最初のLHR

新しいクラスの最初のLHRでは，まずは提出物を一つずつ確認しながら集めていきましょう。その後は担任・副担任の自己紹介や生徒の自己紹介の

時間を設けましょう。特に生徒は新しいクラスで緊張しているので和やかな雰囲気となるように，アイスブレイクなどの活動も取り入れたりしながら自己紹介をすると緊張もほぐれるかもしれません。自己紹介シートのようなものを用意しておくと，教室内に掲示することができます。掲示すれば生徒同士のコミュニケーションのきっかけになりますし，担任も個々がどんな生徒なのかゆっくり知ることができるので一石二鳥です。

■ クラス役員・係決め

　時間に余裕があればクラス役員・係決めを行ってもよいでしょう。クラスのリーダーとなる学級委員は，責任のある大切な役割です。立候補を募り，生徒自ら志願することが望ましいです。「一緒にクラスを引っ張ってほしい」と協力する姿勢を示し，「頑張ってみようかな」という気持ちを引き出すようにしましょう。クラス役員が決まったら，以降の進行は役員に任せ，見守るとよいでしょう。

■ クラスでレクリエーション

　生徒の緊張をほぐしたり，生徒同士のコミュニケーションのきっかけをつくったりするために，レクリエーションを行うとよいです。ドッジボールやバレーボールなどが人数的にちょうどよく，大いに盛り上がります。他クラスと時間を合わせて合同で行うのもいいです。レクリエーションの様子をよく観察すると，スポーツが得意な生徒，雰囲気を盛り上げるのが上手な生徒，輪に入るのが苦手な生徒など様々な姿が見られます。心配そうな生徒は覚えておき，面談時に話を聞いてみることにつなげてもよいです。

（安藤　寛朗）

生徒への自己紹介

（2・3年担任）

■ 基本的な情報

　氏名，担当教科，学校や学年での役割，常駐場所等について話します。例えば担当教科が情報の場合は，ICT に関する相談や情報系の進路について知識があることを伝えます。

■ 学級目標

　学年には，学年主任が定めた学年目標があります。学年目標の意図を理解し，その上での学級目標を立てます。学級目標の決め方は，学級の生徒になってほしい姿を想像して，担任が決めることがほとんどですが，2・3年生になると生徒たちで話し合って決めるやり方も可能です。生徒たちで決める際には，学級目標の考えとある程度候補を出して意図を理解した上で話し合いができるようにします。自分たちで決めた方が，より目標を意識することが期待できるかもしれません。決まった学級目標は，常に目につくようにB4～A3の大きさで印刷し，黒板の上や，前方の掲示コーナーに掲示します。学級目標は，学級の方針にもかかわる大事な目標なので，よく考え，生徒たちが理解している，納得していることを確認しましょう。

自分の趣味やエピソード

　自分の趣味や自分にまつわるエピソードなどを話すと生徒はより関心をもってくれるかもしれません。趣味はあまりないという人は，自分が高校生の頃の話や教員を目指すきっかけとなった話など，これまでの経験や過去の話，これからやりたいことなどを話してみてはどうでしょうか。どんな担任の先生であるかとあわせて，どんな人間性の人であるかを示すことも必要なことでしょう。

期待する姿

　最後に生徒たちにどんな姿を期待しているか話しましょう。2年生であれば，1年を終えて学校生活に見通しがもてたはずです。日々の生活や部活動，学校行事において主体的に活動する姿に期待と激励を送りましょう。3年生であれば，高校生活最後の1年となります。進路決定もあり，悩んだり挫けたりすることが考えられます。親身に寄り添う姿勢を示し，少しでも安心感を与えられるとよいと思います。

自己紹介例

　皆さんこんにちは。私の名前は（自分の名前）です。担当教科は情報科で，情報の授業も担当します。情報系の進路については特に相談に乗れると思いますので，遠慮なく相談してください。

　次に学級目標について話します。学級目標は聡明剛毅です。道理に通じ，心が強く屈しないという意味をもちます。人は慣れると緊張感が薄れてしまい，次第に甘えが生まれます。学校は集団生活です。集団生活には，皆が過ごしやすくなるように，円滑に運営できるように規則があります。これでい

いか，少しくらい……という生活の慣れから甘えずに，規則を重んじて生活をしましょう。また皆さんは卒業後の進路について，より明確にしていかなければなりません。進路に向けて，類型の選択，科目選択，志望校の選択，受験方法の選択など多くの選択肢が控えています。私がこれまで担任をしてきて，親が決めたから，友達と一緒がいいからなどの理由で進路選択を考える子がいました。このような考えで進路を決めるとある大事なことが答えられないんです。それが何か皆さんわかりますか。それは志望理由です。なぜそこに進みたいのか，そこで何をしたいのか，自信をもって言えるように自身の進路について真剣に考え，正しい選択ができるようにしてください。決して，それらの選択の決定を他人に委ねてはなりませんよ。

　最後に，こうして縁があって集まったこのメンバーで過ごす1年間を楽しい1年にしたいと思っています。特に学校行事はクラス一丸となって大いに盛り上がりましょう。一生に一度きりの大切な思い出をつくっていきましょう。そのために皆さんがクラスレクを企画したり，盛り上がるための企画を考案したりした際は，尊重できる限り実現できるようサポートします。ともに素晴らしいクラスを築いていきましょう。1年間どうぞよろしくお願いします！

　このように生徒への自己紹介は，学級目標をしっかりと伝えながらも，教員の人柄が伝わるような趣味やエピソード，学級担任としての思いや考えを織り交ぜるとよいです。「この先生，おもしろそうだな」「この学級で1年間頑張ろう」といったような気持ちがもてる教員の自己紹介は，安心感のある学級の雰囲気づくりの第一歩になります。

（安藤　寛朗）

4章

学級開き・ルール＆システムづくり

担任メッセージ

■ 初日から詰め込みすぎない

4月は入学式やクラス替えがあり，教員も生徒も緊張する時期です。特に生徒たちは「友達がちゃんとできるだろうか」「どんな先生が担任になるのかな」等，多くの不安を抱える時期です。そんな不安を少しでも解消してあげることができれば，スムーズに学級経営・クラス開きすることができると思います。

初めて学級経営をする教師にとって，初めて担任を受けもったクラスは一生の思い出や教員人生の大きな経験になるクラスです。そのため気持ちが入りすぎて，初日からあれも伝えたい，これも伝えたいと情報過多になりがちです。その気持ち，熱量はもちろんとても大事なことです。しかし，先述したようにスタートしたばかりの学級において，生徒や担任自身が緊張している中であれもこれもと全部伝えようとしてもなかなか浸透はしません。そこで，入学式・始業式の日と次の日に学級通信の第1号，第2号の作成を勧めます。学級通信という文字で整理して残すことで生徒はいつでも読み返すことができ，保護者へもこんな担任の先生だと知ってもらうことができます。内容も第1号には自己紹介などを多く盛り込みすぎてしまうとクラス開きの自己紹介などで話す内容が少なくなってしまうので，次の日の予定や，名

簿・座席表などでクラスがどんなメンバーで構成されているかを連絡するぐらいでいいでしょう。

■ 学級通信第2号には学級担任としての方針を載せる

　入学式や始業式の次の日はほとんどの学校で最初のLHRがあります。そこでそれぞれの生徒や担任・副担任の細かい自己紹介や各委員会の選出などを行い本格的に学級がスタートしていきます。

　自己紹介は1人1分の時間を取るとそれだけで1時間過ぎていってしまいます。生徒にはそれぞれの自己紹介をしっかりと聞いてほしいので，できる限り教員の自己紹介は簡潔に，まとめて話をしましょう。そこで役に立つのが学級通信の第2号です。先述したように文章として残しておくことでいつでも見返すことができますし，読みながら話をすることで耳からだけでなく，目からも情報を取り入れることができます。

　また，限られた時間の中で話しきれなかったことなどを載せておくことで，生徒にこちらがどんな先生なのかという理解を深めてもらうこともできます。その中で特に自分が大切だと思っていることは，こちらの自己紹介の中で直接話をするとよいです。直接伝える内容としては「人に迷惑をかけない」「人の話をしっかり聞く」「何にでも全力で取り組む」などです。学級のルールとして明文化しておくことで，それ以降の学級経営がスムーズにいくようになります。

　一番大事なことは，教員と生徒は同じ人間だと認識しておくことです。大人として先に導いていってあげることが学級担任の役割の一つです。しかし，伝える言葉は格好をつけたり心にもないことを告げたりすると，すぐに気づかれてしまいます。自分のまっすぐな思いや気持ちを学級通信という形で表わし，言葉を選びながら話すことが信頼ある人間関係をつくり，クラス開きを行う上で重要になってきます。

（太田　健介）

日直のルール

仕事に対して責任感を芽生えさせる

■ やるべきことを整理する

　日直の仕事は，必ずこれをやらなくてはいけないといったものがあるわけではなく，担任によって様々です。また，二人一組にして一人ずつ交代で仕事を行ったり，同じように二人一組で週直として一週間交代にして行ったりと担任の考えが反映される傾向があります。さらに，週直にはいろいろなメリットがあるため，週直を取り入れることも多いです。

　日直の主な仕事は以下のようなものになります。

　・学級日誌の記入
　・授業の開始前に黒板を消す
　・出席簿の職員室への返却
　・黒板に書いてある担当の名前を次の日の担当の名前に書き換える

　このような内容を行いますが，年度当初の口頭だけの説明で仕事内容を覚えてもらうのはなかなか難しいものです。自分の順番が回ってくるまではあまり関係のないものだからです。そこでよく取る方法として，学級日誌の表紙の裏面に仕事の内容を印刷したものを張るとよいです。初めて学級日誌を

手に取ったときに目に触れ，仕事の内容を整理してもらえます。

　他には以下のような仕事が挙げられます。

・授業開始の号令
・移動教室の際の消灯，施錠
・その日の連絡をクラスに伝える

　これらはクラスの係としての仕事にしてもいいため，担任裁量になることを踏まえ，学級生活を楽しく豊かにするための日直の意義を押さえておきましょう。

■ 仕事の大切さを粘り強く説明する

　日直の仕事を生徒に行ってもらう際，担任の多くが一度は直面することになるのが「仕事をやらない，もしくは手を抜く」生徒が出てくることです。そんなに多くの仕事でなくても自分がその日の当番だと忘れてしまうことはあります。そのような生徒に対してはなぜ忘れてしまったのか，どのように仕事を行っていけばいいのかを，その都度丁寧に説明していく必要があります。また，朝のうちに学級日誌を担任から渡すことで，その日の日直だということを順番が回ってきた生徒に確認してもらうことも大切です。

　週直の形をとっていると忘れてしまう生徒がいるときに次の日に指導しやすいメリットがあります。継続して仕事を一週間行ってもらうことは，慣れていくことと，学級日誌の内容が担任とのやり取りや連絡のような形になり，担任とのかかわりを増やすことにつながります。デメリットとしては，クラス全員に日直を回すのに2ヶ月程度で済むのに対し，週直の場合は二人一組とした場合，約5ヶ月ほどかかってしまうところです。そのため担任として日直の仕事がなぜ大切かを伝えていくことが必要になります。

（太田　健介）

座席・席替えのルール

■ 席替えのやり方

　高校生の頃を思い出してみると，たまに行われる席替えにワクワク・ドキドキすることが多かったのではないでしょうか。席替えはうまく行うことでクラスのまとまりを強くしたり，新しい人間関係をつくったりすることができます。教員の多くは1〜2ヶ月に1回程度の間隔で行う傾向にあります。代表的な席替えの方法には以下のような種類があります。

・クジ引き
・ランダムに決める
・担任がすべて決める
・自由

　席替えのやり方として，クジ引きは，用意するものも手書きの札を作ったり，割り箸に番号を書いたり，トランプなどを使ったりと簡単に準備ができます。どのやり方で席を決めることになったとしても大事なことは，黒板が見にくかったり，教室の冷房が苦手だったりといった生徒には，事前に話を聞いておき，クラス全体に了解を得て座席を調整する配慮をすることです。

ただし，その際，病気等により他の生徒に知られたくない理由で座席の指定を希望する場合もあるので，その場合は配慮が必要になります。

　ランダムに決める場合は，パソコンを利用して画面を見せながら行うと時間の短縮になります。

■ 席替えを行うときの注意点

　残り二つの方法のうち，担任がすべて決める方法は，できるだけ行わないようにしたいものです。しかし，人間関係や授業の受け方などのトラブルをクラス内が抱えている場合にはあえて行うことになるでしょう。おすすめしませんが自由というやり方もあります。生徒は好きな席の方が仲のいい友達のグループで固まって座席を決められるので当然楽しくなりますが，その分授業に集中できなくなる，新しい友人関係をつくれない，孤立気味の生徒には負担になるなどのデメリットが多くあります。

　また，最初の席替えを行う時期は，1年間の中で5月の中間試験後にし，1ヶ月程度は最初の座席でクラスの様子を見てからがよいです。これは生徒も授業担当の先生方もまずクラスに誰がいるのかをしっかりと確認できるからです。多くの場合，クラス替えをしたばかりの教室の座席は出席番号順になっていることが多いです。そのため，誰がどこに座っているのかを把握しやすく，メリットになります。授業担当の先生方にも生徒を早く覚えてもらえます。

　生徒は席替えが本当に好きですし，新しい環境は担任としても積極的につくってあげたいものです。しかし生徒が席替えをやりたいからと言ってむやみやたらに行うことは様々な問題を引き起こす可能性も同時にもち合わせています。やはり席替えは誰の隣の座席になったとしても上手な人間関係をつくり，「一期一会」というものを大事にしたいものです。そのためにも普段からクラス経営をしていくようにしましょう。

（太田　健介）

掃除当番のルール

■ グループ分けと担当の月を決める

　各クラスに割り当てられる清掃は，普段使用している場所をきれいにすることで学校の雰囲気や学習環境を落ち着いたものにする効果があります。多くの場合，各クラスに割り当てられる清掃場所は学校の規模にもよりますが，普段の生活を行う HR の教室を含め 3 ～ 4 か所程度になります。

　40 人学級を想定した場合，分けやすい人数は 4 人，5 人，8 人のいずれかになってきますが，40 人を 8 人 1 グループの 5 グループに分けることが多いです。このグループ分けは，例えばトイレ清掃や更衣室清掃のように性別がかかわってくる清掃場所の分担があるかによって当然変わってきます。特に配慮が必要ない場合は出席番号順に 1 ～ 8 番，9 ～ 16 番……のように分けます。性別の制限がかかわってくる場合は，男女比を気にしながら各グループの構成を考えます。その場合も基本は出席番号順でよいでしょう。

　担当の月に関しては例えば 8 月は 1 ヶ月夏休みになるので含めず，3 月は掃除を行う日数も少ないので，特に担当を決めずにその都度担当をクジ引きなどで決めます。そうすると残り 10 ヶ月なので清掃担当箇所が 3 か所だとすると全部で 30 か所分となり，5 グループで分けるのにちょうどいい数になります。何月に分担するかという月割りは，4 月—10 月，5 月—11 月，6 月—

12月，7月—1月，9月—2月のように5つに分けます。しかし7月−1月のセットは夏休み前，冬休み後ということで期間がほかの組み合わせに対して短いので，9月—2月のセットと入れ替えることもあります。

分担場所の担当の先生と打ち合わせをする

　グループが決まったら分担場所の担当の先生と打ち合わせをします。掃除分担場所によってはグループの人数が多く，全員が毎回必要ではない場合があります。そのような場合は初回の掃除のときに担当の先生から何人必要か提示してもらうといいでしょう。また，グループ分けをした名簿を担当の先生に渡しておくことも必要です。その名簿をもとに，生徒がどのように掃除当番の仕事を行っているか，手を抜いていないかなどの情報が共有しやすくなります。掃除当番をサボる生徒に対しては担任の指導も必要になります。なぜきちんと行わないのか，清掃の必要性を説明していく必要があります。

机の並びを整頓する

　教室の机の並びの整頓の大切さについても押さえておきましょう。清掃には学習環境を落ち着かせる効果がある以外に，教室の机を整頓することは朝のHRの雰囲気を落ち着かせ，1日のスタートを切りやすくする効果があります。

　清掃時に机の並びは一度整頓しますが，放課後の様々な活動によってどうしてもずれてきてしまいます。そこで毎朝必ず机の並びを整えに教室に向かうようにすることをおすすめします。1日の生活の中で机の並びは必ず動いてしまいますし，あまり机の並びにこだわらない先生もいますが，気持ちよく1日がスタートできるよう，朝の机の整頓も実践してみてください。

（太田　健介）

係・委員会のルール

■ 係・委員会の役割の説明

　係や委員会の活動は生徒によるクラス運営や学校運営に必要不可欠で，生徒の自主性を伸ばし責任感をもたせる大切な取り組みです。学校により違いはありますが，クラスの係や委員会の分類は大きく分けて以下の三つになります。

・ホームルーム長，副ホームルーム長，書記，会計のようなクラス活動の中心
・図書委員，体育委員，文化委員のような各種委員会
・修学旅行に向けた旅行係，文化祭などの中心になる文化祭係など HR を運営する係

　係・委員会は多くの場合，始業式や入学式の翌日に決める時間があります。しかし入学したばかりの新入生はいろいろな係や委員会の名前を見ても，どのような仕事の内容なのかを把握することが難しく，すぐにやってみたい仕事を考えることがなかなかできません。そこで最初の学級通信に係・委員会を決めることの予告と，それぞれの仕事の内容がどのようなものなのかを

まとめて載せて配布することをおすすめします。実際に HR で役割を決める際の進行がスムーズになり，時間の短縮につながります。

■ 生徒中心の運営

　クラスの係・委員会を決める際に気を付けたいことは，担任があまり口を出しすぎないことです。ホームルーム長と副ホームルーム長，書記ぐらいまでは担任主導で決めていき，そこから先はホームルーム長と副ホームルーム長の初めての仕事として係・委員会を決めていった方が，１年間のスタートとしてこの二人を中心にしていくんだとクラス全体に伝わりやすいです。また，担任もただ投げっぱなしにしているのではなく，そのときの進行の様子を見てどのように手伝っていくか，どのような声掛けをしてホームルーム長と副ホームルーム長としての仕事を全うさせるかを考える時間にします。

　また，２・３年生になると各委員会で委員長や副委員長をやっていたり，その候補になっていたりすることがあります。文化委員や体育委員などは委員長以外にも文化祭や体育祭など大きな行事の関係で３年間継続した方がいいと委員会顧問の先生から伝えられている場合もあります。そのような生徒は事前に情報を手に入れて，優先的にその委員会活動に回ることになります。

　それ以外の生徒に関しては，必ず一人最低一役が割り当てられるようにします。各委員会については保健委員や体育委員などは，男女で何名ずつなどの縛りがある委員会もあります。後々男女の枠が埋めにくくなってしまうので，できる限り縛りのある委員会を先に決めていくことが望ましいと，ホームルーム長と副ホームルーム長に伝えることも大事なことです。

　一人一役を割り振ることで，その生徒の興味をもっていることや好きなこともなんとなく知ることができます（図書委員を選ぶ生徒は本を読むことが好きな生徒が多い，など）。ただ役割を決める時間ではなく，一人ひとりの特徴を理解するための時間として有効活用しましょう。

（太田　健介）

HR の進行・ポイント①

■ 話を聴く姿勢をつくる

　HR は大きく分けて朝と帰りの SHR（ショートホームルーム）と，時間割に組み込まれる LHR（ロングホームルーム）の２種類があります。どちらも主に担任が担当する時間になります。

　中学校よりも高校は担任のクラスへのかかわりが少なくなりやすいとよく言われますが，毎日の SHR，週１回の LHR は生徒とかかわりをつくるチャンスなので，ぜひ有効に活用しましょう。

　どちらの時間においても大事なことは発言している人の「話を聴く」ということです。まずは新学期初めての LHR で以下のことを必ず守るように話を始めてみましょう。

---

　(1)人が話をしているときは隣の人と話さない。
　(2)人が話しているときはスマートフォンを触らない。

---

　(1)は場合によっては周りの席のクラスメートと相談させたり，教え合ったりする時間をつくることもあるので，その場合はもちろん話をしてかまいません。(2)は前を向かせて顔を確認するということが主な目的になります。た

だ，クラスの係の生徒が連絡をする際にクラス LINE に回して共有するといった活用をしていることもあるので，その場合は係が一言「スマートフォンを見てください」と最初に述べさせるようにしています。また連絡事項をMicrosoft 社の Teams などを利用してクラス連絡を行っている先生もいるので，自分に合うやり方を見つけましょう。

　他にもマナーとして「人が話をしているときは口に物を入れない」ことも大事になってきます。ただ，ここ数年の夏などはとても暑く熱中症などの心配もあるので，水分補給に関しては体調管理を優先する傾向にあります。

■ HR の進行の様々なやり方

　HR の進行には各担任の色がとても強く出てきます。そのため，必ずこの形がよいということをハッキリと言うことがなかなか難しいです。

　多くの先生は朝の職員会議の連絡を手帳に書き写して教室の黒板に書き写すという方法をとっているかと思います。ただ，朝の職員会議後から SHRまでの時間はとても慌ただしいときもあり，黒板に書き写すこともままならないことがあります。そこで持ち運びのできるサイズのホワイトボードに書き込んで教室に持っていき，それを見せながら連絡するという方法をとる先生が増えてきています。この方法だと生徒はこちらに顔を向けて話を聞くので，朝の様子を簡単にですが確認することができますし，時間短縮につながるので生徒とのやり取りの時間に充てることもできます。この方法の変形として，紙に書いて持っていきクラスに箱やファイルを用意して，バックナンバーとして振り返られるようにしている先生もいます。

　また，前述したように Teams を利用する先生もいますし，司会として日直に連絡をさせるという先生もいます。連絡を残すとそのときに確認しない生徒が出てくるから，口頭のみで連絡するという先生もいます。

　HR は担任とクラスを結ぶ大切な時間です。

（太田　健介）

HR の進行・ポイント②

要チェック 👆

生徒が主役の HR をつくる

　朝や帰りの HR においても，LHR においても，様々な目的に応じた時間の使い方ができます。

・学校行事や学習に関する情報提供
・生徒が主体的に取り組めるようにする
・生徒同士のコミュニケーションを促す
・教師と生徒の信頼関係を築く
・社会問題や時事問題に関する話し合い

　HR 運営のポイントについて以下に述べていきます。

■ 学校行事や学習に関する情報提供

　基本的，かつ事務的な HR の活用方法ですが，日常生活を送る上で非常に大切です。漏れのないように伝達しましょう。伝達の際には誰が見て聞いてもわかりやすいような方法で伝達するとよいです。アナログな方法であれば，Ａ３程度の磁石付きホワイトボードなどを用意し，そこに当日の連絡や週の連絡，提出物の確認などを書き込み，教室掲示することができます。もし朝の会議後に印刷する時間があれば，「本日の連絡」のようなチェックリスト

を作成して1枚印刷し，クラスの掲示板に貼るのもよいでしょう。新しい連絡は都度更新し，上に貼っていけるのでこちらも便利です。

　また，近年ではICT機器の推進が進み，学校によっては連絡アプリなどにより生徒や保護者に直接連絡事項を共有することができるようになっている場合もあります。そのような場合でしたら，どのような使用方法ができるかを管理職や先輩教員と確認し，積極的に活用するとよいでしょう。

■ 生徒が主体的に取り組めるようにする

　時と場合により，HRは教師が一方的に話すのではなく，生徒が主体的に取り組めるようにすることもできます。生徒が自ら行動を起こすためのきっかけや支援を提供することも意識し，働きかけるとよいでしょう。例えば，「連絡は日直が伝達する」，「帰りのHRで1〜2人，その日にあったいいことを共有する」，などを試してみてもよいかもしれません。なかには，HRは完全に生徒が仕切って進めるという方針の学級もあります。工夫次第で，生徒も参加しやすいHRができるでしょう。

■ 生徒同士のコミュニケーションを促す

　HRは，生徒同士のコミュニケーションを促す場としても有効です。そのために，グループワークやディスカッションなどの活動を取り入れ，生徒同士が互いに理解を深め合える機会を設けることもできます。また，生徒同士が助け合ったり，協力したりする機会を増やすことで，クラスの団結を高めることにもつながります。

教師と生徒の信頼関係を築く

HR は，教師と生徒の信頼関係を築く場としても重要な役割を果たします。そのためには，発表や生徒の声を聞く時間がある場合には，丁寧に聴き，共感や理解を示し，生徒の意見を尊重する姿勢を示すことが大切です。フィードバックを与える場合も，ポジティブなものとなるよう意識をしましょう。また，生徒が自分の意見を言いにくい場合は，質問やヒントを投げかけて，生徒の発言を促すこともできます。

社会問題や時事問題に関する話し合い

長めの時間がとれる場合は，生徒が社会や世界について考える機会を得ることができるように，HR を用いることができます。生徒同士が異なる意見を交わすことで，多様性を理解し，対話する力を育むことができます。ただし，このような実践をする際には，教員自身の社会的・宗教的信条などが生徒に影響しないように細心の注意をはらうことが必要です。押し付けにならないよう配慮しつつ，時には「考えたことのないことを考えてみる時間」を設けてあげることも，HR のよい活用例になり得ます。

また，担当教科によっては自分のクラスを授業で教える時間数が少なく，HR がなければあまり生徒と顔合わせをする時間がないことも考えられます。HR は，生徒の成長を促すための重要な場であり，変化などに気づくための大切な時間でもあります。これらのポイントを押さえて，生徒が主体的に取り組める，充実した HR 活動を展開しましょう。

(森部　雅大)

5章

集団づくり・
関係づくり

教師と生徒との関係づくり①
（ポイント）

■ いいところ探しの達人となる～拍手を送り合える雰囲気を～

「人には誰にも負けないいいところが必ずある」と信じて、「いいところ探し」を続けています。これは進路多様校でも進学校でも有効で、「今日はもっと見つける！」と新たな思いで見ていくと毎日が楽しくなります。発見して伸ばせるのはやりがいがあります。

「なぜこんなことをするのだろう」と思う生徒でも、日々肯定的な目で見ていくうち、その子の強みや思いが理解できます。するとかかわり方が変わり、ゆっくりでも関係性が好転していきます。これが自己理解を深める契機となり、進路決定の役にも立っていきます。

熱心に指導をしてもなかなか伝わらないことが続くと、「あれもこれもできない」など「ないもの探し」をしたくもなることがあるかもしれませんが、真剣に思う先生の気持ちは必ず伝わるものです。

■ 入学・新学期はじめの生徒面談を活かす

高校は義務制ではなくなり、同地区の生徒ばかりではなくなるので、不安も高くなります。「入学時アンケート」※1 を書いてもらった上で面談を行い

ます。「輪切り」と言われるように学力が近い生徒が集まるので，１年次の中間考査後にもう一度簡易アンケート※2を行い，中学までの自己像が崩れて落ち込んでいないか等を注意して見て，必要に応じ面談をしています。始めが肝心で，声掛けなどにつなげていき，この後にある保護者（三者）面談等にも活用していきます。

※１・２「校種移行期の不適応を軽減するためのテークオーバーゾーンプログラム」

■ クラス目標，学級通信タイトルを決めさせる

生徒たちに決めさせると守ろうという思いが増し，愛着がもてるようになりますので，一人一つ以上募集し，アンケート集計して全員で決めさせます。学級通信タイトルも１年５組なら「いち５いち会」，３年Ａ組ならＡから始まる言葉で「Assist」など，そのクラスらしいものになります。「自分たちの意見が通る」という実感をもたせることができます。

クラス目標

■ 学級通信・学級日誌を活かす〜アセスメント（見立て）へ〜

クラス全体と個を活かせる契機となります。学習活動だけでなく係活動・学校行事での頑張りを共有し，担任の思いを伝えていきます。日誌は書く練習にもなり，振り返ることで内省が深められます。その生徒と学級を理解し，適切なアセスメントにつなげていけます。

■ 落ち着いた環境づくりとルールの徹底

教室環境が整い，ルールが明確で守られている学級は安心感があります。教師自ら遵守し，社会人として信頼される存在でありたいものです。（齊藤　敦子）

教師と生徒との関係づくり②
（言葉かけ等のアイデア）

■ 無限の可能性を秘めた生徒たちに敬意をもつ

「後生畏るべし」で敬意をもち，常に気にかけ，声掛けはしますが，適度な距離感はもつようにしましょう。特に留意点は2点です。

①生徒をほめるときは全体の前で，叱るときは個別でする

ほめるときにはクラス全員の前でほめることで本人のやる気を高め，他の生徒のよき模範にもなります。プライドを傷つけぬよう，注意するときは個別で行うように配慮しています。気持ちは傾聴して理解はしても，ダメなことはダメと厳しく教えることも重要です。

②感情的に叱らない（指導をぶらさない）

例えば「座りなさい」と注意すると，「うっせー」と言い返す生徒がいたとき，「その言葉遣いは何ですか！」などと注意するとお互いに感情的になっていき，指導がズレていく可能性があります。そのときは「座りなさい」と生徒が座るまで，冷静に繰り返し言うのが有効です。

■ 担任が生徒のよきモデルとなる

教師が失敗したときは心から謝ります。権威を失墜するどころか，生徒は

誠意ある先生だと感じます。ときには失敗談も語れると安心できるようです。困ったときは SOS を出し，先生方と仲良く協力している姿を見せるのも，「こうして助けを求めればいいのだ」と生徒は学べます。

集団と個のアプローチを繰り返していく

①学校行事を活かす

行事成功に向け全員で協力することでよい人間関係ができ，クラスへの所属感が深まり，プライスレスな学びができます。終了後，アルバムを作成し，後ろの黒板にクリアポケットに入れて掲示します。生徒たちがうれしそうに見ているときに「よく頑張ったよね〜」などと話しかけ，楽しかった思い出を共有します。

行事のアルバム

学級通信や学級日誌だけでは伝えきれない活躍や思いも写真では伝えられます。保護者面談等の前にアルバムにし，学級日誌とともにご覧頂くのもよいです。学級通信のバックナンバーを冊子にしておくと，学校での頑張りをほめてもらう契機になります。

②学級日誌を活かす

学級日誌では，毎日日直の生徒の振り返りに，必ずプラスのコメントを返します。日頃の頑張りを書き留めておき，感謝の思いとともに返しましょう。考査や行事等はカウントダウンをして意識化させます。

生徒の話を最後まで聴き，問いかけ，承認していく

生徒理解を深め，相談を受けやすくするため，昼休みに掲示物を貼りに行ったりします。時折，教師が教室に行くのは問題等の抑止力にもなります。掃除も生徒理解に役立つ大切な時間です。生徒の話を聴くときは，していることをやめて肯定的に最後まで聴き，問いかけていきます。　　　（齊藤　敦子）

生徒同士の関係づくり①
（ポイント）

■ 係・委員会活動や学校行事を活用する

　係は一人一役担いますが，希望しない係になってクラスの前で話し合いを進めねばならぬこともあります。担任は常に中立の立場で，全員が係の話に耳を傾け，話し合いに参加できるように配慮します。

　行事は「優勝する」等の目標をもって頑張りますが，これは目的ではありません。最初はある程度介入して，軌道に乗ってきたら，ゆるやかにリーダーの生徒に任せるようにします。途中で孤立している生徒はいないか，リーダーに負荷がかかりすぎていないか気をつけるとよいです。最後に「自分たちは頑張った！」と生徒たちが思えたら成功です。行事後の団結力の強まりと生徒の成長は感動的です。

■ 席替えを活かす～ご縁を大切にする～

　目や耳が悪い等，配慮が必要な生徒等は希望にそって席の位置を前方にします。「多くの人と交流してほしい」という願いを伝え，たとえば，月１回，平等な「くじ引き」などで決めると，よくも悪くも１ヶ月間なので，授業でも話し合いをしていく過程で仲良くなっていくようです。

学級日誌や通信でリレーションづくり

　学級日誌で「今日は黒板消しを〇〇君が毎回手伝ってくれて助かりました」等と教えてくれることがあります。手伝ってくれた人に感謝するとともに，書いてくれた日直にも「人のいいところによく気づき，みんなに教えてくれるあなたも本当に素敵な人ですね。どうもありがとう」等と返せます。

　生徒の学級通信で月ごとに誕生花や花言葉等を紹介し，日誌でもお祝いしていくと，生徒同士でお互いお祝い会をはじめてくれたりし，全員でお祝いをしていく中で親睦が深まっていったりします。

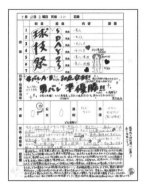

学級日誌

うれしいこと・いいことは共有する（ウインザー効果）

　他の先生や生徒たちがその生徒をほめてくれときには，「〇〇先生（〇〇さん・君）が〇〇だってほめてくれて，私もすごくうれしかったよ」等と伝えます。するとほめてくれた先生と生徒，そして伝えた教員自身の関係もよりよくなるので，互いにうれしさが倍増していきます。

環境づくり

　見やすい掲示物に留意します。考査一週間前に時間割と範囲の一覧を，後ろの黒板に学習係等に書いてもらいます。学習意識が高まり，情報交換したり，教え合ったりし始めます。季節の飾りの中で七夕は有効で，短冊に願いを書いてもらうことで自らを振り返り，お互いの願いや推しを知ることができます。これが会話のきっかけにつながることも少なくないです。（齊藤　敦子）

生徒同士の関係づくり②

（SST などのアイデア）

要チェック 👆
コミュニケーションスキルの学習が関係づくりの基盤となる

ソーシャルスキル・トレーニング（SST）を実施する

　1年次の道徳の授業でグループアプローチのSSTを実施するのも有効な方法の一つです。ソーシャルスキルとは「対人関係を円滑に築き維持するスベやコツ」のことで，人との関係づくりがうまくいかないのを性格のせいにするのではなく，具体的に説明を聴いた上で（インストラクション），見て学び繰り返し（モデリング），実際に練習して（リハーサル），先生や仲間からほめられたり，アドバイスされたりする（フィードバック）中で，改善しつつ活用してスキルを定着させ，繰り返す過程で向上させていくものです。

関係づくりの第一歩の「挨拶」を大切にする

　朝のHRでの挨拶では，今日クラスの生徒に会えた喜びを伝え，帰りのHRでも明日につながる話題と挨拶に留意します。「おはよう」と挨拶をして，目を見て笑顔で「おはよう」と挨拶が返ってきたら，「続けて挨拶しよう」と思うので，挨拶し合う生徒が増えていきます。

クラスでのSSTの様子

■ 話す・聴く～コミュニケーションスキルを授業でも活かす～

SST 実施前に「冷やかさない，恥ずかしがらない，積極的に参加する，話し合いを大切にする」等のルールを順守させ，「自分も相手も大切にする」姿勢を身に付けさせるのが重要です。「hyper‐QU」等の質問紙で学級集団をアセスメントしてから，必要なターゲットスキルを実施するとよいです。

コミュニケーションは言語と非言語からなり，相手を思いやり，心を込めて伝えることが重要であること等を学びます。聴くスキルを活かして聴いてもらう体験をすることで，「真剣に聴いてもらえるのがこんなにうれしいことだとわかった」「話すより聴くのが下だと思っていたけど，きちんと聴けることで関係が深まり，自分の話も聴いてもらえるようになった」等の感想が多数寄せられます。一人ひとりにコメントを書いて返すことで，教師との関係も深まります。

教室ポスター

「聴くスキル」のポイントをポスター掲示することで，授業中に私語をしている生徒にアイコンタクトをし，ポスターを指さすことで姿勢が改善されます。よくできているときはほめて強化もできます。

■ 怒りのコントロール～自他の感情に気付く～

「怒り」は誰もがもつ感情で，根底には不安や悲しみ等の感情があり，伝え方でトラブルになります。イラッとするときの自分の身体に焦点を当てて感情に気づかせ，班ごとに各自のイライラ解消法を話し合うことで引き出しが増やせ，級友への理解が深まり，異変に気付いて相談に乗れるようになります。学年一斉で実施するのも効果的です。1 年次の道徳で学年実施していければ，3 年間で全校の生徒が SST を学ぶことができます。　　　（齊藤　敦子）

孤立した生徒への支援

　一人で過ごしている生徒を見ると，「何かあったのかも」「何とかしなければ」などと，教員はついつい思いがちです。必要かつ適切な支援をするためには，生徒の様子をよく観察し，その生徒を知ることが大事になります。

一人でいることを好む「安定」タイプ

　他者に自分のペースを乱されることなく，一人で過ごすことにより安心して過ごすことができるタイプです。友達づきあいが不得意なわけではないけれども，自分の世界観がある，何かしらの目的がある，自分の時間を大切にしたい等，の生徒です。周りの生徒もそれを理解し，受け入れている場合には，クラス内のトラブルも特に起きないと考えられます。しかしながら，学校生活では，授業や行事でグループを形成することは日常的にあります。本人のニーズや考え，困ったことがあるかどうかも含めて普段から相談しておくと，必要なタイミングで本人に寄り添った支援をすることが可能です。

一人でいるしかない「回避」タイプ

　友達づきあいが苦手，他者を寄せつけない，他者とのペースに合わせられない等，の生徒です。その生徒のタイプを周囲が理解できないと，トラブル

が起きやすくなってしまいます。本人と相談することはもちろんですが，自身で困り感をうまく教員や周りに伝えることができないのかもしれません。家庭での様子を知ることや学校での様子を保護者と共有して連携すること，学年の教員団や教育相談担当，スクールカウンセラーにつなげてチームで生徒の「見立て」をし，環境調整や必要な支援をすることが求められます。

■ 友達といたいのにいられない「支援不可欠」タイプ

　友達と楽しく過ごしたいと多くの生徒が思っていることは言うまでもありません。楽しそうに友達といたのにある時期を境に一人で過ごしている，表情が以前より暗い，元気がない等，気になる生徒に気づいたら，担任としてすぐに本人にアプローチをしましょう。理由は様々でしょうが，望まないのに一人で過ごさなければならないのは過酷な状況といえます。担任に限らず生徒が安心して話せる教員が面談をして状況を把握します。そして，その状況の事態の大きさにかかわらず，校内に必ずチームを編成し，対応するように図っていきましょう。友達から離れて生徒が急に一人になる背景には，生徒が話すことだけがすべてではなく，相手生徒の事情があること，本人が語れないこと，生徒指導案件に発展する内容等，要因が絡み合っていることが多いものです。「たいしたことない」と担任が単独で判断することは危うく，複数の目で公平かつ公正にその状況を把握した上で見立てをすることを大事にしましょう。必要によっては外部機関や専門家と連携して教員が早期に適切な対応をすることで，大難が小難に，小難が無難にとなり，生徒や保護者にとって安心・安全な学級・学校になるように努めます。

　このように，「一人」でいる生徒のタイプは複数あり，その背景も様々です。クラス内で「一人」でいることに周囲がどのような目で見るか，その状況をどう自分で受け止めているのかは個々によって捉え方が異なるだけでなく性差によっても異なる点に配慮し，「一人でいる」ことの意味を考えて，担任として適切に対応するように心掛けましょう。

（桑田　美和）

課題のある生徒・集団への対応

　いじめ，暴力行為，ネット上のトラブル，友人間トラブルの頻発，自殺企図など，校内で起こる事件や生徒が抱える課題は複雑で，一教員の担任だけで対応しきれるものではありません。課題のある生徒への対応は，「一人で抱え込まない」，「一人に抱え込ませない」ために管理職を中心に校内組織をどのように機能させるかが肝要です。また，何も起きていない普段のときにこそ，生徒との関係づくりに注力すべきであることを忘れてはなりません。

■ 迅速な事態の収束を

　何かトラブルが起きてしまった場合，まずはその事態を把握し，収束させることに全力を尽くさなければなりません。生徒指導案件であれば，生徒指導部を中心に迅速に対応することは，トラブル解決に不可欠です。トラブルの未然防止，早期発見，早期対応のために普段から校内体制を構築していることが大事です。しかしながら，なぜトラブルを起こしてしまったのか，その生徒が抱える課題を紐解いていかなければ，根本的な解決には結びつかないということは，私たちは肌感覚でわかっていることでしょう。

生徒が抱える課題の背景を探り，見立てる

　生徒が引き起こすトラブルは，理解に苦しむ内容であることも多々あります。トラブルによる被害生徒がいれば，そのケアを優先して行わなければなりませんが，トラブルを起こした生徒にも起こさざるをえなかった理由や要因があるため，その背景を知り，見立て，ケアすることが必要になります。考えられる要因としては，特性等による本人が抱える困難さや家庭環境や経済状況等の養育環境，いじめなど成育過程での傷つき体験等があります。そのため，担任の経験値だけでなくSCなどの専門的な立場からの視点による見立てや手立てのアドバイスが不可欠です。トラブルを起こした生徒が複数であれば，仲間のパワーバランスや関係性も考慮に入れなければなりません。対応するチームのサイズはトラブルの内容によりますが，担任として専門家も含めたチームでケース会議をもってもらえるように声をあげ，役割分担をして対応することにより効果的な支援ができるように努めましょう。

外部機関を活用した支援

　生徒の抱える課題に学校だけで支援するには限界が生じることもあります。一番に協力すべきは「家庭」ですが，課題を抱える生徒の家庭とはスムーズな協力関係がつくりづらいことが多いことも事実です。家庭との連携も含め，どの関係機関とどのようにつながるかをチーム内で相談し，実際に家庭へつないでもらえるのもSCやSSWとチームを組むことの利点です。高校の場合，生徒が転退学すれば支援が途切れてしまうため，継続した支援が受けられる連携先を考える視点も欠かせません。課題のある生徒や集団の対応に即効薬や特効薬はありません。チームで知恵を出し合い，丁寧に根気強く，安定的な人間関係をつくりながら支援していくことを心掛けましょう。

（桑田　美和）

通級の生徒・集団への対応

要チェック 👆
通級の担当教師と情報共有する

通級による指導

高校での通級による指導は平成30（2018）年度から始まり，通級による指導を必要としている生徒は年々増加しています。学級の中に通級による指導を受けている生徒または通級による指導は受けていないけれども，気になる生徒は対応を考えていかなければなりません。

通級による指導とは

通級による指導とは，通常の学級での学習や生活におおむね参加でき，一部障害に応じた特別な指導を「通級指導教室」等の特別な指導の場で行う指導形態のことをいいます。個々の生徒の障害による学習上または生活上の困難を改善または克服することを目的としています。

通級による指導には三つの指導形態があります。
①自校通級
生徒の在籍する学校に通級指導教室が設置されており，担当教師の指導を受けることができます。

②他校通級

　在籍している学校に通級指導教室が設置されておらず，他の学校に設置されている通級指導教室に定期的に通い，指導を受けることができます。

③巡回指導

　通級による指導の担当教諭が在籍している学校に巡回し，指導を行います。

　通級による指導を受けている生徒の中には，周囲に知られたくない生徒もいます。指導の時間を工夫したり，心理的な配慮が必要になったりします。

■ 対象となる生徒の障害

　言語障害者，自閉症者，情緒障害者，弱視者，難聴者，学習障害者，注意欠陥多動性障害者，その他の障害のある者（肢体不自由者，病弱及び身体虚弱者）となっています。知的障害については，知的障害に対する学習上又は生活上の困難の改善・克服に必要な指導は，生活に結びつく実際的・具体的な内容を継続して指導することが必要であることから，通級による指導のように一定の時間のみ取り出して行うことはなじまないことを踏まえ，対象となっていません。

■ 通級による指導を利用する生徒の担任の役割

　通級による指導の開始から終了までは下記のような流れになっています。

> ・気になる生徒への気づき
> ・通級による指導の利用決定
> ・通級による指導の実施
> ・通級による指導の目標の達成
> ・通級による指導の終了
> 　　　　「初めて通級による指導を担当する教師のためのガイド」（2020）文科省参照

通級による指導の大まかな流れの中で，担任教師の役割や通級による指導の担当者との連携について説明していきます。

・気になる生徒への気づき

授業をしていて行動面で気になる生徒，学習面で気になる生徒は担任や各教科の教師が気づくことが多いと思います。そのときには，管理職や特別支援教育コーディネーター等に相談してみましょう。必要に応じて通級による指導を進めていくことになります。高校では，通級による指導を本人・保護者が望まないことも多く，支援や指導を受けていない生徒もいます。通級による指導でなくても，簡単な支援で環境を整えたりすることで，改善されることもあります。まずは，生徒の近くにいる教師がアンテナを高くして気づいてあげることが大切です。

・通級による指導の利用決定，通級による指導の実施

通級による指導の利用決定は教育委員会と連携して校内委員会で判断していきます（手続きは自治体によって異なります）。決定後，指導実施に向けて「個別の教育支援計画・指導計画」の作成を行います。通級担当が中心となり作成していきますが，担任の協力も必要であり，生徒に応じた支援計画になるように連携していきます。「個別の教育支援計画・指導計画」は保護者とも連携を図り，作成し合意形成を図ります。

通級による指導の実施では，生徒の目標の達成状況の確認や指導内容の評価・見直しと在籍学級における対応の検討・実施・評価を継続して実施していくことになります。通級の担当教師と定期的に情報を共有して進めていきましょう。また，年度が変わり職員の異動等で担任や担当教師が変わるときには，必ず引き継ぎを行いましょう。

・通級による指導の目標の達成，通級による指導の終了

目標の達成は，長期的になることも多いですが，目標が達成され，学習上又は生活上の困難が改善された場合，教育委員会と連携して校内委員会で終結を判断します。指導終了後は，次のライフステージに円滑に移行していくように，合理的配慮等の支援があれば，引き継ぎを必ずしましょう。(武田　和也)

学校行事

体育祭①
（準備）

体育委員と連携を図り，クラスの団結をつくる

　文化祭・体育祭は生徒主体型の学校行事となります。

　体育祭までの間，ポイントとなるのが，出場選手の種目のエントリーです。提出期限までに団体種目，個人種目に出場する選手を決めなければなりません。生徒の中には運動が得意な生徒や，苦手な生徒がいます。生徒の意見を大切にすることはもちろんですが，クラス全体がまとまり体育祭が活気に満ちて楽しく参加できることが望まれます。

■ HR での活動

　体育委員は，競技マニュアルをもとに，競技種目の説明をします。

　中学校の体育祭とは異なる種目もあるので，体育委員からの説明だけでは不足する場合もあります。そのときは，必要な部分を担任からフォローしましょう。

　例えば，意見に偏りが生じないよう生徒の様々な意見を取りまとめて種目決定させます。また，個人種目や団体種目，競技における参加人数も把握しておくとよいでしょう。クラス全員が最低限，一種目に出場できるよう配慮しなければなりません。

　そのため担任として，マニュアルを見ればどんな種目でどんな競技であるか等，競技用マニュアルを熟視して生徒からの質問には即答できるよう準備

しておくことも必要です。

種目の競技練習

　多くの学校では，団体種目にかかわる競技については体育の授業等で練習する時間が2～3時間程度設けられています。体育委員が中心となり，与えられた時間で種目練習をします。しかしながら，授業時間だけでは満足していない生徒も中にはいます。生徒から練習の申し入れがあった際などは，担任として臨機応変に対応できる準備をしておきましょう。例えば「クラス対抗リレー」「長縄跳び」の練習をしたいという要望があった場合など，どのような対応をとるのかを事前に推測しておくことが必要です。この場合，昼休みや放課後，部活動開始前に時間の調整をするなどしてできるだけ要望に応えましょう。また，生徒だけで練習させることは危険が伴うので，担任は付き添うことも大切です。

教職員としての役割

　事前の準備としては，自身の体育祭にかかわる役割分担は何であるかを把握することが大切です。学校行事ではほとんどの職員が割り当てられます。特に若手教員は活躍の場でもあるで，率先して動きましょう。

プログラムの点検・確認

　担任として，配布されたプログラムで生徒の出場する種目などを確認しておきましょう。自身の役割分担を確認する上では，プログラムの事前確認も必要で大切です。
　それにより，教職員一人ひとりが体育祭の運営にかかわり，競技が滞ることなく，順調に進行できるよう協力しましょう。 （黒川　昭弘）

体育祭②
（当日）

要チェック 👆
組織づくりにおける担任の役割を意識する

　当日は，体育祭が始まる前から，担任には役割があります。まずは，開会式の前にはクラスの応援席となるグラウンドの状況を把握し，安全の確認をしましょう。そして，登校をした生徒には体操服の更衣を促します。更衣を済ませ，応援席に集まってきた生徒から，順次貴重品を預かることで盗難防止につながります。このとき，担任として責任をもって預かります。

　応援席では生徒の健康観察に努めるとともに，当日の体調不良生徒を把握します。競技参加の有無も併せて，養護教諭への連絡は必須です。

■ 競技中及び係分担

　クラス生徒の応援はもちろんですが，体育祭の運営にかかわる役割はもっと重要です。自身の担当職員としての役割を遂行しつつ，以下を配慮します。

> ・最近では，熱中症にかかる生徒も少なくありません。競技中も含め全般的に生徒を観察しましょう。
> ・用具の準備は順調であるか，競技が滞りなく進行しているかを観察しながら，気がついた点についてはメモをしておきましょう。

　周囲の状況を把握し，運営に携わることができれば，生徒から信頼され，

担当者としても自覚が増します。常に生徒の安全確認を怠らないよう，注意を図ることを心掛けましょう。

■ 体育祭終盤と閉会式

　体育祭が終盤に近づくと生徒の雰囲気も一層盛り上がってきます。一人ひとりの生徒が，楽しく，生き生きと競技に参加できるよう，担任として応援することも大切です。つまりは，クラスの雰囲気を盛り上げることも担任の大事な仕事です。

　どこの学校でも体育祭の花形であるクラス対抗リレーでは，生徒の盛り上がりも最高潮に達します。生徒の活躍の場を担任も一緒になり，生徒と一丸となってクラス全員で盛り上げましょう。よき思い出づくりになります。そして，体育祭の競技終了とともに，閉会式が実施できるように準備をしておきましょう。結果の集計に多少の時間はかかりますが，閉会式に向けては，クラス生徒の整列等，担任としての役割もあります。体育委員に任せるだけでなく，閉会式にスムーズに移行できるように準備を進めるとよいでしょう。

■ 帰りの HR と後片付け

　教室への移動はスピーディーに行うように声をかけ，教室では生徒を労いましょう。

　HR では，体育祭を通して生徒が成長したことや努力したことをほめ，生徒の健康状態を確認し，帰宅を促します。しかし，体育祭が終了してもすべてが終わったわけではありません。実行委員会を中心に後片付けがあります。自身のクラスで使用した応援席の清掃やグラウンド整備以外に，体育祭で使用した競技道具の片づけ，テントの撤去，椅子や長机の出し入れなど，後片付けは山ほどあります。自ら率先して他の仕事を見つけて後片付けをすることを心掛け，気持ちよく体育祭を終えるようにしましょう。　　　　（黒川　昭宏）

文化祭①
（準備）

思い出に残る文化祭の準備をサポートする

　文化祭は，高校生活の大きな行事の一つです。やる気に差があったり，意見がまとまらなかったりと，クラス一丸となるために苦労している人もいるかもしれません。一緒につくり上げる苦労や喜びを分かち合う体験を通して，仲間との絆を深め，青春の1ページを過ごせるようにサポートをしましょう。

文化祭を知る

　文化祭のクラス企画を考えようと生徒に投げかけても，中学校で文化祭を体験していない生徒や高校の文化祭は何をやるのと疑問に思う子などがいるため，まずは文化祭を知ってもらうことから始めましょう。たとえば，昨年度の文化祭のパンフレットを見せて様子を伝え，他校を含めて実際のクラス企画にはどんな内容があるかを紹介し，クラス企画の考えになるヒントを提供しましょう。そのときに，生徒一人ひとりが楽しそう，面白そう，やってみたいと思えるように話をするように心掛けましょう。

係分担をする

①生徒は何かしらの役につく
　文化祭を楽しむ秘訣は何らかの活動に参加して満足度を得ることです。そ

こで企画立案，準備段階，当日の運営など，文化祭のクラス企画を実施するに当たり，生徒一人ひとりが何かしらの役につくように役割分担をしましょう。作業はなるべく少人数でさせて，責任をもたせるとよいです。そして，企画については生徒たちが話し合いで決めたものを尊重します。このとき，クラス以外に，文化祭実行委員，各種委員会，生徒会役員の役割を考慮して役割分担をする指示も忘れずにするとよいです。文化祭の当日が忙しい生徒は，準備の段階で何らかクラスの活動に役でかかわるように促すことが大切です。これにより，クラスの企画は全員が参加することになり，思い出も全員で共有することができます。

②的確に指示ができるリーダーを決める

　役割を決めるときに大切になるのが，リーダーが誰になるかです。一番重要なのは頼りがいのあるリーダーが現れてくれることです。やる気のあるクラスでも，軸がぶれてしまうとクラス企画は成功しません。皆の協力を仰ぎ，的確に指示を出せるリーダーが必要不可欠ですが，リーダーの生徒に任せきりにするのではなく，クラス全体がまとまってつくり上げていくのが一番のコツになります。学級担任として役割分担を決めるときに，リーダーの役割を伝え，クラスの生徒はリーダーを中心にそれぞれが役割を果たし，クラスの企画が成功するようにサポートすることが大事だと伝えるとよいです。

■ 目標や思いをクラス全員で共有する

　テーマを決めたら，具体的なイメージを固めて，クラス全体で共有することがとても大切です。見ているゴールがバラバラでは，一つのものをつくり上げることは難しいです。教員から目標を確認する時間を意図的に設け，学級に掲示物を張って士気を高めるといった工夫をするのもよいでしょう。そして，「全員で楽しむことこそ，文化祭成功の秘訣」とし，テーマは誰もが楽しめ，クラスで一つのものをつくり上げるように促しましょう。

（小堀　翔太）

文化祭②

（当日）

要チェック

生徒主体の文化祭をサポートする

　準備期間を経て，ようやく迎えた文化祭当日は，多くの生徒がわくわくしているでしょう。一方で，やる気に差があり，当日の当番をさぼるという人もいなくはありません。当日も責任をもって役割や当番を行うように促し，仲間との絆を深める時間になるよう生徒と一緒に教師も楽しみましょう。

■ 文化祭の日の SHR

①朝の連絡で情報を共有する

　多くの生徒が，心と体が文化祭モードになっています。当日は，これまでの準備を労い，クラスのみんなで楽しむことを朝の SHR で確認し，士気を高めましょう。朝の SHR では急遽変更となる学校全体の文化祭スケジュールの諸連絡，係分担からの連絡などを確認します。

②全員が参加することを確認する

　当日は，与えられた役割をきちんとする人以外に，クラス外の出し物を見に行く，面倒くさいからと分担をサボるといった人が出てくることがあります。したがって，誰かのために活動する利他の心が大切であることや，一つのものをグループで達成することの重要性を一言伝えておきましょう。

■ ケガやトラブルに気をつける

　当日，模擬店で調理をする場合，包丁やハサミ，火を扱うことになります。「ふざけて転んだ先に刃物があって怪我をした」などとならないよう，必ず注意を促しましょう。「生徒を守るため」というのが第一目的ですが，「なんで事前に注意しないのか」と保護者からクレームがくるのを防ぐことにもなりますので，注意事項は当日の朝に伝えておきましょう。

　また，模擬店でお金を扱っていたがお金がなくなった，他校の生徒とトラブルになりかけている，クラス内の対立が生じたといった予想のつかないトラブルが生じることもあります。生徒同士で解決しようとせず，必ず教員へすぐに連絡，相談，報告をするよう，伝えることも忘れないようにします。

■ 文化祭が終わったら……

①片付け・掃除を徹底する

　文化祭期間中から当日まで，クラスの出し物のために作ったものや備品を教室に置くことが多いため，教室が非常に汚くなっています。文化祭が終わったら，道具を片付けて教室を掃除し，きれいな環境に戻すようにします。

②振り返りをする

　文化祭後には必ず，文化祭の振り返りと他の生徒に対するフィードバックの時間を，間をあけずにLHRで行います。文化祭の感想や身に付けたことなどを振り返り，「責任をもって役割をした」「みんなと一緒で楽しかった」といったあたたかい気持ちを共有する時間をもちましょう。

　文化祭の最中は，生徒と一緒に教師自身も楽しみましょう。そして，普段の生徒の様子と違う表情や活躍している姿を見ることで，生徒の知らない一面を知る機会になるかもしれません。また頑張っている生徒には，そのことをしっかりと伝えてあげましょう。

（小堀　翔太）

合唱祭①
（準備）

　合唱祭を学校行事として実施する学校は多くないかもしれません。しかし，クラスの団結力を高め，生徒同士の人間関係をつくり上げていく上で，合唱祭は文化祭に匹敵するほどの大切な学校行事だといえます。その成果は合唱祭当日に発揮されるわけですが，本領が発揮されるか否かは準備にかかっています。では，主役である生徒たちが本番で力を出し切るために担任は何をすればよいのでしょう。「見守る」。これは，学級経営における基本的な姿勢の一つです。ただし，「見守る」とは生徒の活動をただ静観することではありません。「見守る」とは"多様な"生徒たちの多層的な営みを背後から支え，自力で問題解決できるよう「手助け」をするといった能動的な側面を併せもつ言葉だと考えます。そして，何よりも「見守る」とは，"多様な"生徒たちを「受容」する教師の姿勢を前提としていると言えるでしょう。

■ 「見守る」

　「クラスで合唱をやる」となると，決めなければならないことが矢継ぎ早に降ってきます。「楽曲は何にしよう？」「指揮者は誰がやる？」「パートリーダーをやってくれる人は？」「練習時間をどう確保する？」LHR の時間は限られているので，こうした事柄について短時間で合意形成しなければなりません。クラス長や合唱祭実行委員らに進行を任せても遅々として進まない

と，介入したい衝動に駆られます。しかし，ここはグッと我慢して生徒に委ねることにしましょう。歌うのは生徒です。彼ら（彼女ら）が納得して練習に入っていけるよう，ひたすら「見守る」ことに徹します。

■「手助け」

　必要なことが決まり，「いざ練習」となってからも様々な困難が生徒に立ちはだかります。「パート練習のとき，遊んでいる人がいるよ」「指揮者を変えたいけど本人には言えないな」等，生徒は友達に直接伝えられないとき，教師に愚痴をこぼしにきます。または，独り言を言ったりします。それらを傾聴することが大切です。その上で，必要とあれば思い切って介入すべきです。その際は，公平で中立的な言動を心掛けましょう。例えば，「言いにくいことがあっても，直接意見を伝え合おう」と全員に呼びかけます。対面でのコミュニケーションに慣れていない生徒が多い昨今，向き合って対話することの大切さを伝える必要があります。生徒が学校行事に本気で取り組むときほど大小の波紋や対立が生じます。生徒を「見守る」中で，適切なタイミングで必要な「手助け」をする。学級担任として大切な心得になります。

■「受容」

　「見守る」とは，生徒の在り様を在るがままに受け入れることでもあります。優勝を目指してクラスを引っ張るリーダーも，縁の下の力持ちとして陰に日向に奔走する生徒も，合唱の練習をさぼって抜け出そうとする "やんちゃ" な生徒も。いろいろな生徒がクラスにはいます。クラスを構成するメンバー一人ひとりの思いや，その背後にある生活状況を見据え，"よい塩梅" でかかわっていく。教師に求められるのは，このような姿勢であると考えます。意見を率直に伝え合い，生徒同士のかかわりが生まれれば，学級担任はクラスの成長を「見守り」つつ本番の幕が開くのを待ちましょう。（濱田　文）

合唱祭②
（当日）

「エンパワーメント」する

　準備期間を経て，いよいよ合唱祭当日を迎えます。担任はどのように生徒をサポートできるでしょうか。練習の過程で，学級集団は一回り大きく成長しているはずです。ただし，合唱祭当日，生徒たちは興奮状態にあります。これは，どの行事についてもいえることですが，こうした生徒の気持ちをいかにプラスの方向に向けられるか。自分たちの発表の瞬間に向けて集団のエネルギーと集中力をいかに収斂させられるか。担任の腕の見せ所です。

　「エンパワーメント（empowerment）」とは，「力をつける」「自信を与える」という意味ですが，合唱祭当日の担任の役割は，この一言に象徴されます。クラスに自信を与え，集団が本来もっている能力を発揮できるよう環境を整える。そのためにすべきこととは何でしょう。

■ 声掛け

　練習の段階で不協和音が生じても，当日ハプニングが起きても，最良の形で本番を迎えたいものです。生徒たちがどのような状態にあっても，自信をもち，力を発揮できるようにします。そのために，必要な場面で適切な「声掛け」をしましょう。また，こうした全体への「声掛け」と同じくらい大切なのが個々の生徒への言葉掛けです。集団行動が苦手だったり，いつもと違う環境に苦痛を感じたりする生徒もいます。そうした生徒には「先生は，あ

なたの気持ちをわかっているよ」「つらいときには，○○することにしよう」など，相手の気持ちに寄り添った対応を心掛けましょう。一人ひとりに目配りしながら，学級集団を見守ることが大切です。

■ 生徒の自主性を尊重する

　当日，想定外のハプニングが起こると，つい介入したい衝動に駆られます。しかし，合唱祭で試されるのは，「クラスが集団として成長できるか」です。生徒たちが自力で問題を解決できるよう，さりげなく生徒をサポートしましょう。意見を伝え合う雰囲気が生まれれば，前に出て意見を言う生徒が出てきます。大声で言えなくとも，ぽつりとつぶやく子もいるでしょう。つぶやきを拾い全体に伝えるなど，活発な意見交流ができるようバックアップしましょう。また，リーダーが苦しそうにしていたら，その労をねぎらいましょう。担任は，あくまでも裏方に徹することが大切です。

■ リフレイミング

　「優勝を目指して頑張ろう」合唱祭に限らず，文化祭や体育祭などの学校行事では，このような合言葉をよく耳にします。これは決して悪いことではありません。しかし，担任の願いは別のところにあります。それは「クラスが集団として成長できたか」です。結果は，あくまでも副次的なものだと捉えましょう。クラスが集団として成長したか否かは，当日の生徒たちの歌声や表情に如実に表れます。望んだ結果が得られなくとも，担任のリフレイミング次第で生徒は十分に達成感をもてるはずです。結果に対する落胆や取り組みへの後悔があっても，プラスの面を見つけて生徒をほめましょう。また，ネガティブな感情を別の枠組みで捉え直し，次へのステップとなるようにしましょう。「失敗」や「後悔」も「貴重な経験」と捉え直せれば，生徒は晴れやかな気持ちで日常生活に戻っていけるはずです。

（濱田　文）

修学旅行
（準備）

■ 集団行動にふさわしい態度の理解

　修学旅行中は，学年，クラス，グループと様々な集団で行動をします。したがって一人の身勝手な判断や行動は，全体の計画を遅らせてしまったり，事故などのトラブルを引き起こしたりする可能性があります。そのため，修学旅行を控えている場合は特に日々の生活指導では，集合時刻の厳守や規則の厳守，教師の話を聞く態度などは意識して指導します。

■ しおりの読み合わせ

　しおりが完成したら，学年集会やLHRでしおりの読み合わせをします。しおりの中で特に重要な点は，集合場所や点呼の時間，規則，持ち物，緊急時の対応です。特に集合場所は，ほとんどの場合，多くの生徒が初めての場所となるので，Googleのストリートビューなどを使用して，地図の通り案内したり，集合場所の写真や付近の目印になる写真を見せてあげたりすると迷いにくいです。

■ 個別の配慮事項の把握

　事前に生徒一人ひとりの健康やその他に関する配慮事項等を養護教諭の協力のもと保護者に確認を行います。なかでも食物アレルギーの配慮事項が多くあげられます。その場合，個別にお弁当の変更や食事場所での座席の指定等があります。それらはしっかりと把握し，万が一の事故が起きないように気をつけないといけません。生徒本人とも注意するよう個別に確認しておきましょう。

■ 緊急時の対応の確認

　学年やクラス単位で行動している場合は，教師が近くにいるのですぐに対応ができますが，班別行動で教師から離れて行動する場合もあります。そのときの緊急時の対応についてよく確認し，落ち着いて対応できるように指導しましょう。

■ 事前学習・事前準備

　修学旅行の事前学習では，現地の調査学習，行動計画，新幹線やバスなどの座席決め，宿泊部屋のメンバー分けなどを行います。学校での教科学習で得た知識を実地の見学等により具体化し，発展させる現地の調査学習や，行動計画では自身の経験や調べるコツなどを補助し，無理な計画や大雑把な調査にならないよう活動の過程を随時確認しましょう。部屋のメンバー決めについては，揉めることも少なくありません。すべて生徒任せにしてしまうと，担当する生徒に大きな負担がかかってしまうので，様子を見ながら折り合いをつけられるように助けるようにしましょう。

（安藤　寛朗）

修学旅行
（当日）

■ 移動時の点呼確認は顔と名前で

　旅行中は随所で点呼確認を行います。確認時は慌てず，落ち着いて確認を行いましょう。注意点として人数だけで確認をとることはやめましょう。実際に他クラスの生徒が混じっていたことに気がつかず，生徒を置いていってしまったケースの話もあります。自身の受けもつクラスの生徒の顔と名前はしっかり覚え，責任をもって点呼するように心掛けましょう。

■ 連絡や指示は確実に伝える

　しおりをもとに移動時の車内や，出発時などで連絡や指示を行います。浮き足立っていたり，初めて訪れる場所に注意が散漫になったりし，連絡や指示をしている教師に注意が向かないことが考えられます。全体の場で他の教師が話している場合は生徒の様子を確認し，車内などで自分が連絡等をする場合は全員が教員に注目しているか確認して，確実に情報が伝わるようにしましょう。

■ 健康管理

　常に生徒の心身の様子は気にかけましょう。特に2・3日目は，夜ふかしや疲れが溜まり体調を崩す可能性が高まります。個別の配慮事項等も確認し，養護教諭と連携を図りながら健康管理を行いましょう。

■ 必ず起きる車内への忘れ物

　「忘れ物がないか確認しましょう」と促しても，誰かは必ず新幹線やバスなどの車内に忘れ物をします。防止策として，移動時には身の回りに私物がないか確認することを何度も声をかけましょう。また慌てて移動とならないように，到着5分前から声をかけ，その際に寝ている生徒も起こしましょう。しかし，それでも置き忘れは起きてしまうことはあります。起きてしまった際は速やかに添乗員や学年主任に連絡し，その後の対応を求めましょう。

■ トラブルや緊急時の対応

　緊急時対応マニュアルに沿って落ち着いて対応しましょう。とにかく自分一人で対応することなく，付近の教師と連携して事に当たりましょう。

■ 夜の打ち合わせ

　生徒の消灯時間前後に打ち合わせを行います。主に，各クラスの様子の共有や，翌日の旅程の確認などを行います。疲労もありますが，しおりに記載のない連絡事項が発生することもあるので，ここでもうひと頑張りしましょう。打ち合わせが終わったら就寝時間となります。しっかり睡眠をとって翌日に備えましょう。

（安藤　寛朗）

学校独自の行事

自分の意見を周囲にわかりやすく伝えるように工夫する

学校農業クラブとは

　農業高校に通う生徒全員は，「日本学校農業クラブ連盟（FFJ：Future Farmers of Japan）」のクラブ員となり，日頃の農業学習で得た知識や技術等を活用して，課題発見能力や解決能力を高めています。また，令和4年度より新しい高等学校学習指導要領が学年進行でスタートし，学校農業クラブの原点でもある「プロジェクト学習」が一層重視されました。農業クラブの三大目標である「科学性・社会性・指導性」を高めるために，農業クラブ員の自主的・主体的な活動の成果を発表する場として，「プロジェクト発表会」と「意見発表会」がありますが，ここでは後者の意見発表会について紹介します。

意見発表会

　意見発表会は，クラブ員（生徒）の身近な問題や将来の問題について抱負や意見を交換し，クラブ員の三大目標を高めるとともに，主体的に問題を解決する能力と態度を養うことを目的としており，令和6年度より発表分野と内容が，次のように改訂される予定です。

分野	内容
Ⅰ類 　農業生産 　農業経営	1．農業生物の育成や生産性向上に関する意見 2．農業生産物の加工・流通・消費に関する意見 3．農業の経営や経済活動に関する意見
Ⅱ類 　国土保全 　環境創造	1．国土の保全や環境創造に関する意見 2．森林資源の活用に関する意見
Ⅲ類 　資源活用 　地域振興	1．園芸作物や社会動物の活用に関する意見 2．地域資源の活用や地域の振興に関する意見

　A校では新2・3年生になる生徒を対象に，春休み中の宿題として，上記のテーマに沿ったものを原稿用紙4枚以上書き，HR，学年の予選会を実施し，新年度になった4月下旬に「校内意見発表会」を行っています。

　生徒にとって人前で作文を読むことは，緊張感でいっぱいです。しかし，「草花を育てることの大切さ」や「将来の夢」，「地域の環境変化に関すること」など，確固たる信念に溢れた意見発表の他，非農家の生徒が農業について考える意見や無人機械の導入でどれだけ合理的に作業が進むか等，高校生だからこその目線で物事を捉えてきました。農業高校生のもつ力は無限大であることを実感する行事の一つです。

　農業を含めた専門高校は，幅広い分野で産業・社会を支える人材を輩出してきました。発表原稿の作成過程で，人と接し，自然やものとかかわり，命を守り育てる心を養い，さらにそれを発表することは，自信へとつながります。専門高校の取り組みを知ることで，次代を担う人材育成のために職業科高校が果たす役割の一端についても理解し，高校教育の意義についても押さえておきましょう。

（田村　信義）

7章

進路・
キャリア教育

大学進学に関する指導①

（1年生）

■ 自己理解と進学目的

　入学したての1年生の課題は高校生活にスムーズに移行することです。一方，担任の役割としては進路指導においても卒業後につながる土台づくりの大切な1年となります。特に，大学進学を目指す場合は次の三つが1年生の大学進学のためのステップとなります。

> ・進学目的を考える
> ・大学での学びを調べる
> ・大学卒業後の進路を考える

　まず，生徒に考えさせたいのが，「何を学びたいのか」です。具体的に「どのような知識・技能・経験を得たいのか」，「学んだことを将来どう活かすのか」を1年生の「今」の立ち位置から自分自身に問いかけて大学進学の目的を自分事として考えることが大切です。進路目標に求められる知識・資格・特性などにより，四年制大学よりも専門学校に進学する方が自分に合っていると考えるなら，途中で進路目標が変わっていくことも当然のことです。「特に勉強したいものがない」，「自分に何が向いているのかわからない」と

いう生徒も少なからずいるはずです。その場合は進路適性検査などの客観的資料を活用したり，生徒本人の性格，興味，長所，得意科目などを担任として行う個人面談の機会を捉えてフィードバックしたりするなどの方法で，生徒の自己理解を深めることも1年生の進路指導では大切なポイントです。また，職業と資格の関係，資格取得のための基本ルートなどを総合的な探究の時間などで調べ学習をすることも自立的な進路実現に向けた有効な指導です。

■ 大学での学びと仕事とのつながりを考える

　大学にはどのような学部・学科があるか，そこでどのようなことが学べるのか，生徒本人の学びたいことはどこで学べるのか。このようなことも，1年生の段階から生徒本人が主体的に調べることができれば，その後の進路目標の設定にスムーズにつながります。

　大学卒業後，どのような進路（進学・就職）が考えられるか，どのような資格・免許の取得に結びつくのか，卒業生はどのような分野で活躍しているのか。このように，将来社会でどのように自分が生きていくのかを想像してみること，考えてみることも重要です。前述したように，進路設計は変化していくのは自然なことであり，大切なのは1年生の段階から考え始めることです。1年生では文系・理系や国公立大学・私立大学等の進路希望に応じて2年生で履修する選択科目を入学後半年ほどで決めることが一般的です。生徒が社会人となるこれからの時代は，VUCA（ブーカ）という言葉で表されるように「将来の変化を予測することが困難な時代」と言われています。現在必要とされている職業や技術も変化していくことがあるかもしれません。だからこそ，高校在学中に生徒が自分自身の進路の方向性を決めるには，自己理解に基づく「興味と可能性の絞り込み」がポイントであり，その選択肢を広げることにつながる学習習慣の確立が重要になります。高校の進路指導の鍵は1年生にあるといえるでしょう。

（藤田　拓哉）

大学進学に関する指導②
（2年生）

■ 大学研究

　大学研究とは志望校の選択に向けた準備です。ポイントは三つあります。

・大学（学部・学科）の教育内容と生徒のキャリア志向が合っているか
・学費はどのくらい必要か
・入試方法と生徒の学習スタイルおよび学力が合っているか

　2年生では，自分の希望する大学の教育内容や教育環境を生徒が主体的に確認することが大切です。具体的には生徒にとってその大学が本当に自分の学びたいことを学べる学校なのかを学習内容や学び方などを調べて確かめます。そのために，もっとも有効な手段が各大学により春から秋にかけて実施されるオープンキャンパスです。生徒自らが足を運んで，各大学の特徴，教育方針のみならず交通アクセスや施設・設備，就職先・就職決定率，学生の様子，サークル活動，キャンパス周辺の環境などを知ることができる貴重な機会です。また，総合型選抜に関する情報など，その大学の受験情報なども入手できる場合があります。そのほか複数の大学が参加する合同の大学説明会などに参加することも情報入手の効率的な方法です。担任としては，生徒

が積極的に参加するように声をかけたり，提出された報告レポートを読んでフィードバックしたりすることを心掛けます。

　次に，高校卒業までに必要な就学資金を用意できるかを含めて，卒業までにどの位の学費がかかるのかをあらかじめ把握しておく必要があります。担任としては，生徒だけでなく保護者にも保護者面談等の機会を通じて，このことを理解してもらうとともに，必要に応じて奨学金の情報を伝えることも大切です。

　最後に，大学選抜方法についてです。大学選抜方法は大きく学校推薦型選抜，総合型選抜，一般選抜の三つがあります。学校推薦型選抜は指定校推薦と公募制推薦の二つに分けられます。どちらとも一定の成績基準を満たすことが前提となっていることが多いため，担任としては日頃からの学習への取り組みの重要性を早い段階から生徒に自覚させる必要があります。また，総合型選抜は大学ごとに多様な選抜方法をとっています。２年生の段階から志望先の大学の選抜方法の詳細を調べておくことは準備の点からも非常に大切です。

■ 基礎学力の充実

　２年生は学習面以外でも学校行事，部活動等で中核として活動する多忙な１年を送ります。一方，受験勉強を始めるタイミングとしては２年生の秋頃がいいといわれています。担任としては，生徒一人ひとりの状況を把握しながら，３年生の科目選択や進路選択の相談等を通じて生徒支援に当たります。生徒がどのような進路を選ぶにせよ，基礎学力の充実はその後の選択の幅を広げる意味で最も重要です。近年，英語資格・検定試験を利用した受験方式を採用する大学が広がりを見せています。出願資格条件，得点換算などは受験生にとってのメリットにもなりえます。生徒のモチベーションを保つ意味でも資格取得を勧めてみることもよいでしょう。

（藤田　拓哉）

大学進学に関する指導③
（３年生）

> 要チェック 👆
> **受験支援とメンタルケアが２本柱と心得る**

■ 受験支援

　受験は生徒が主体的に取り組むべきものですが，大学受験に向けての生徒支援も担任の大切な役割の一つです。受験支援を生徒のタスクに照らして挙げると次の３点になります。

・受験科目・志望校の早期決定
・受験スケジュールの立案
・出願手続きから受験，入学手続き

　総合型選抜は６月からエントリーが始まり，学校推薦型選抜は11月，大学共通テストは１月，一般選抜は１月下旬からの実施です。少なくともその１年前には受験態勢に入っていることが望ましいでしょう。大枠は２年生のうちに決めておき，受験科目と志望校は３年生の早い段階で最終的に決めることが必要です。担任はクラスの生徒個々の状況に応じて相談に乗ります。私立大学の受験を考えて，受験教科を早期に二つに絞ったり，国語から古典・漢文を除くことを決めたりすると，大学によっては受験ができなくなる場合があるので注意が必要です。

学校推薦型・総合型選抜・一般選抜など選抜方式の違い，国公立・私立の相違，共通テスト利用の有無，私立大学の多様な一般選抜方式など受験パターンの選択により，生徒は個々に受験スケジュールを立案することになります。多くの場合，各高校の進路指導部が中心になってガイダンスを行い，概要が生徒に伝えられます。担任教員の役割は生徒の理解や意志の確認，保護者への情報提供です。年間行事予定に組み込まれている保護者面談（三者面談）等の機会を利用して確認・相談することが一般的です。その際，就学資金についても話題にするとよいでしょう。合格後，入学手続きまでの比較的短期間にまとまった金額を準備しなければならず，あらかじめ計画しておく必要があるからです。

出願手続きは募集要項の取り寄せに始まります。最近ではインターネットによる出願が一般的になっています。これらは生徒の「自己責任」で行われるものですが，担任としても推薦書や調査書の発行の折に確認します。受験準備中の激励やちょっとした声掛けが生徒の支えになります。

■ メンタルケア

厚生労働省の調査によると，高校生で勉強や進路について不安や悩みをもつ生徒の割合は52.8％となっています（平成26年度全国家庭児童調査）。3年生の場合，さらに多くのストレスを抱えていると考えられます。秋以降，就職志望の生徒の内定，総合型選抜，学校推薦型選抜の合否の発表が続きます。担任としては，合格した生徒と喜びを共にする一方で，不合格になった生徒のメンタルの状況に目配りすることが必要です。また，クラス内で先に進路が決まった生徒とこれから佳境を迎える生徒が混在する場合，クラス環境に変化が生じる場合があります。この場合，クラス担任としてクラス生徒のメンタル面を整えることが必要です。そのため，「進路実現は団体戦」を年度当初から意識づけしておき，クラス全体に自覚を促すとともに，必要に応じて個々の生徒に声掛けをするとよいでしょう。

（藤田　拓哉）

入試業務①

（学校推薦型選抜：推薦書）

要チェック 👆
生徒面談の延長線上に推薦書作成と面接指導があると心得る

■ 生徒面談

　学校推薦型選抜には指定校推薦と公募制推薦の２種類があります。そのどちらにも共通する担任の役割が二つあります。学校から発行する文書作成（調査書及び推薦書等）と面接指導です。そして，その準備でもっとも重要視したいのが生徒面談です。生徒面談の目的は以下の二つです。

> ・調査書と推薦書の作成のための情報収集
> ・生徒の自己認識の言語化及び自己肯定感の向上

　各大学の「アドミッションポリシー」に基づいて指定される推薦書の記載項目に関する事柄を生徒から確認します。学部学科の選択理由，大学志望理由，大学で深く学びたい分野，高校で力を入れてきたこと，高校生活で成長を感じた経験などを聞き取ります。資格取得や検定合格の日付や根拠文書なども後日提出させて事実確認を徹底します。

　面談では生徒が自分の言葉で語ることがポイントです。担任はじっくりと傾聴に努めて生徒の努力や到達点を認めたり（支持），仮に説明が未熟であっても一旦受容した上で，生徒が使った言葉を使いながら話のポイントを確

認（繰り返し）したりします。ときには生徒自身がはっきりとは意識していないことを言語化するために一緒に考えることもあります（明確化）。これらは，いわゆるカウンセリングの技法です。少し時間を要するときもありますが，面談を通じて生徒の考えを言語化することで，生徒の自己認識がクリアになり，高校時代の自己の取り組みを再整理することができます。結果として，生徒の自己肯定感が高まり面接対策にもつながります。その他，面談に加えて生徒が準備する「志望理由書」も有力な情報源です。

■ 推薦書の作成

　推薦書は学校長名で発行される公文書であり，選考資料として活用されるための重要な文書です。一般的には担任が作成し，進路指導主事，学校長からの点検を経て厳封の上完成します。準備や作成に一定の時間が必要な上，各大学の出願期間が重なることが多いため業務が集中する場合があります。できる範囲で早めの準備をすることが肝要です。

　推薦書の内容は当該大学の求める人物像を明示している「アドミッションポリシー」を踏まえた推薦理由を人物面と学力面について記します。近年は生徒の学習歴や活動歴を踏まえた学力の3要素「知識・技能」，「思考力・表現力・判断力等」，「学びに向かう力・人間性等」（学習指導要領）に関する記述が求められています。「思考力・表現力・判断力等」は日頃の授業での発表やプレゼンテーションなどを含めた評価について触れることが考えられます。「学びに向かう力・人間性等」は主体性や協働性が発揮されている場面などについて学校生活を広く捉えて記すとよいでしょう。いずれにしろ教科担当者や当該生徒とかかわりのある教員間の連携が必要です。また，進路指導室に保管されている過去の推薦書の写し等を参考として目を通すことも有効です。推薦書の作成を単なる入試業務と捉えるよりも，教員の思いを込めた生徒への「応援メッセージ」と考えて，取り組むようにしましょう。

（藤田　拓哉）

入試業務②

（総合型選抜：志望理由書）

要チェック
総合型選抜は独自の準備に時間と努力を要する選抜方式と心得る

総合型選抜とは

総合型選抜とは，一般的に学科試験を伴わず，志願理由書等の書類審査，プレゼンテーション，面接などからその大学のアドミッションポリシーに照らして，ふさわしい人物かどうかを丁寧に審査する選抜方式です。大きな特徴は，願書受付期間が９月１日に始まり，年内に合否が出ることです。募集人数は入学定員の１割から２割が一般的です。

選考方法は各大学で違いがありますが，大別すると三つの型があります。

選抜型：出願後，書類選考，面接，小論文，プレゼンテーション，
　　　　長文の志望理由書等で選考。国公立大・難関私大に多い。
面接重視型：複数回の面接を通じて，志望理由や学習意欲を確認。
体験型：エントリー又は出願後に，体験授業やセミナーに参加し，
　　　　学力評価を兼ねながら学習意欲や人物を評価。私立多数。

これ以外にも，出願前にエントリーを行い，事前面談，体験授業，セミナーを経験してから出願に至る「エントリー制」もあります。この場合，事前面談などの評価が選考材料になっていることもあります。オープンキャンパスの参加が出願条件となっている大学もあります。いずれも対策準備に時間

を要すると捉えて，早期の準備が必要です。実施時期は一般的には私立大学が6月から8月にエントリー開始，夏休みに事前面談，体験授業，セミナーに参加，9月以降に出願，合格発表。国公立は9月から11月に出願，合格発表は10月から2月が多くなっています。

■ 志願理由書

　志願理由書は総合型選抜のみならず，学校推薦型選抜でも求められます。いずれも生徒自身が作成すべきものですが，その後の書類選考，面接時の参考資料となる文書であるため，担任としても作成を支援します。学校推薦型選抜のための推薦書の作成においては事前に内容を確認しておく必要があります。志願理由書作成に向け，担任として生徒に対する進路指導上のポイントは以下の5つに集約されます。

(1)「オープンキャンパスへの参加」を確認する。

(2)志望大学の学部・学科の教育内容の理解度を確認する。

(3)志望大学の建学の精神・教育目標，特徴への理解を確認する。

(4)生徒の志望理由とアドミッションポリシーの合致する部分を確認する。

(5)生徒に以下の4点について自分の考えをまとめさせる。

・将来の夢（何になりたいか，何をしたいか，何を学びたいか）

・きっかけ（何が，どんな体験が将来の夢につながるのか）

・ビジョン（夢をどのように実現したいか，夢の社会的意義をどう捉えているのか）

・志望大学の魅力（夢の実現に志望大学はどんな利点をもつか）

　特に自らの夢の実現が「社会のためにどのように役立つか」については，志望大学のパンフレット等を参考に，「これからの社会の在り方」などを踏まえて自分の意見をまとめさせることが肝心です。志望大学の魅力はオープンキャンパスなどで実際に生徒が感じた「学ぶ場としての魅力」や「他大学にはない魅力」を準備できるように促しましょう。

（藤田　拓哉）

入試業務③
（面接指導等）

要チェック 👆
面接指導の要諦は日常の学習指導・生徒指導にありと心得る

■ 面接指導

　一般選抜以外の選抜方式においては，通常は「面接」が実施されます。大学・短期大学の他，専門学校でも実施され，就職選考では最も重視されます。受験者の生徒本人だけでは準備が難しい点もあることから，担任を含む教員団で模擬面接などを通じて面接試験対策を行うことが一般的です。

　面接の形式は個人面接・集団面接・集団討議（ディスカッション）の三つに大別できます。集団面接では他の受験生の意見をよく聞いて，それを踏まえて自分の意見を明確に述べることがポイントになります。集団討議はテーマが与えられて，そのテーマについて意見交換をするスタイルです。ポイントは積極的に発言し，同時に他者の発言に耳を傾ける姿勢です。一般的に面接でもっとも重視される評価ポイントは，「志望理由の明確性・学習への熱意」「コミュニケーションスキル」「主体性」です。その他の項目として，服装・言葉遣い・態度・性格・表現力・理解力・一般教養などがあります。これらの評価ポイントを次のような質問を通して，面接官は確認します。

①志望校について

・志望理由（他大学との違い）

・推薦受験あるいは総合型受験を選択した理由

・入学後，力を入れたいこと

・志望学科分野に関する書籍・ニュース

・オープンキャンパスの感想

②高校生活について

・高校の校風と特色

・一番努力したこと

・部活動や力を入れて取り組んだこと

・主体的に協働したこと

③個人について

・将来の夢や人生設計

・性格や長所・短所

・自己PR

・最近読んだ本とその感想

・関心のあるニュース・出来事

・困難に遭遇した際の解決法

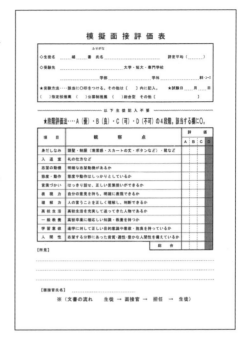

　面接指導では「入退室の仕方」や「礼の仕方」などの基本的な所作についても生徒が確認できる機会を設けてあげるとよいでしょう。面接は緊張感から思いどおりにいかないこともあります。しかし，面接官がもっとも関心をもって見ていることは，流暢さやつくりこんだ想定問答ではなく，受験生の人柄，学問への探究心，主体性などです。ある程度の練習は必要ですが，もっとも大切なことは高校生活を充実して過ごし，志望分野についての学習を深めたり，正しい言葉遣いを心掛けたりするなどの普段からの取り組みです。担任としては，そのことを早い段階から生徒に理解させることが大切です。

（藤田　拓哉）

入試業務④
（専門学校への進学）

要チェック 👆
専門学校への進学は就職と直結,情報収集と慎重な選択が鍵と心得る

■ 専門学校とは

　文部科学省の令和３年度学校基本調査によると,高等学校等卒業者のうち専門学校進学率は24.0％となっています。高校生の有力な進路先の一つといえるでしょう。その専門学校は,職業に直結する専門家を育成する目的をもって設立されている学校です。分野は工業,農業,医療,衛生,教育・社会福祉,商業実務,服飾・家政,文化・教養の８つに分けられます。専門学校への進路指導を行う上で注意すべき点は専修学校,各種学校,無認可校の区別がわかりにくいことです。専修学校と各種学校はいずれも学校教育法に基づき都道府県知事に認可を受けた「認可校」です。年間授業時数や学生数,教員の資格,専任教員数,校舎の原則所有など設置条件の差があり,高校卒業以上の入学資格を条件とする専門課程を有する学校がいわゆる「専門学校」です。「無認可校」は法的に定められた「学校」に属さないため,卒業しても学歴は「高卒」のままです。電車の学割や奨学金制度の対象外となります。法律上,職業斡旋業務を行えないことなど注意を要します。一方,無認可校の中でも,トリマー・芸術・調理などの分野で,独自の教育方針に基づき,専門的かつユニークな教育機関として定評があるところもあります。
　したがって,情報収集に努め,必ず学校見学を複数行い,慎重に選択する

ように生徒に指導することが肝要になります。

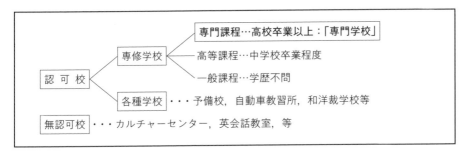

認可校 ─┬─ 専修学校 ─┬─ 専門課程…高校卒業以上：「専門学校」
　　　　│　　　　　　 ├─ 高等課程…中学校卒業程度
　　　　│　　　　　　 └─ 一般課程…学歴不問
　　　　└─ 各種学校 …予備校，自動車教習所，和洋裁学校等
無認可校 … カルチャーセンター，英会話教室，等

■ 専門学校選択のポイント

専門学校選択の支援における主なチェックポイントは以下の通りです。

・認可，無認可

・校舎，定員

・施設，設備

・専任教員の割合

・教科内容と授業時間数

・学費

・取得資格と取得率

・就職状況

・入学者数及び卒業者数

・評判・印象

インターネットからだけでなく，自分の足を運んで見学させ，高校の進路指導部からの情報などを丁寧に検討するよう支援しましょう。

（藤田　拓哉）

就職支援

要チェック 👉
高卒就職の独自ルールの理解とキャリアカウンセリングが鍵と心得る

■ 高校卒業就職のルール

　文部科学省の調査によると高校卒業者に占める就職者の割合は全体として
は15％弱となっています。地域間や普通科・専門学科間で大きく差がありま
す。高卒就職者の90％以上が公共職業安定所からの業務委託を受けて，学
校が企業から届いた求人票に基づいて就職の斡旋を行う「学校斡旋就職」と
なっています。学校斡旋就職は大学生や一般成人を対象としたものとは異な
る独自ルールがあります。主なものは次の三つです。

・一人一社制
・指定校求人・高卒新卒者向け求人票
・学校推薦

　一人一社制は一定の時期まで一人の生徒が応募できる企業を一社とする制
度です。第一志望先に不合格だった場合のみ二社目に応募できます。多くの
都道府県では10月以降に一人二社（以上）の応募が可能となっています。こ
れは学業優先，健全な学校教育を保ちつつ生徒に適正な就職の機会を与える
ために設けられたルールです。また原則として，内定すれば必ず就職しなけ

ればならないという慣行があります。指定校求人・高卒新卒者向け求人票は企業が特定の学校にのみ求人票を出すことができる制度です。求人票も高卒新卒対象の独自書式でハローワークの許諾を受けたもののみが有効となります。学校推薦は生徒の応募に際して学校長からの推薦という形をとることを意味します。指定求人数を超えて，生徒の応募希望が出た場合，校内選考が行われます。生徒にとって指定校求人・高卒新卒者向け求人票と学校推薦のメリットは学校を通じての応募となるため，信頼性の高い企業と出会う確率が高いこと，卒業生が既に就業していて職場環境や仕事内容を事前に知ることができる場合があること，公開求人に比べて倍率が低いため内定が得やすいことなどが挙げられます。また企業にとっても，安定した求人が見込める点があげられます。

〔高卒就職の一般的スケジュール〕

2年生	担任との二者面談，三者面談
3年生4月	校内就職説明会・前年度資料を参考に企業選定
7月1日	求人票公開・応募企業決定へ
夏休み〜	応募前職場見学・校内推薦会議
9月5日	応募書類提出開始
9月16日	企業による選考開始・内定開始
9月末〜11月中旬	二次募集・複数社応募可能

商業や工業などの専門高校は比較的内定決定時期が早い傾向にあります。

■ 履歴書作成

生徒の就職支援は進路指導部の進路指導主事や就職担当のリーダーシップのもとで行われるのが一般的です。担任は生徒の志望先選択，履歴書の作成，入社選考に向けての面接練習，就職用調査書の準備などを通じて，生徒の就職活動の支援に当たります。特に，履歴書と調査書は入社選考での面接で活用されるため，一貫性をもった内容となるように丁寧に準備する必要があり

ます。高校生の就職活動では履歴書作成に「全国高等学校統一用紙」を使い
ます。その作成は生徒が主体となって行うべきものですが，担任としては志
望動機の欄の記入に以下のポイントを押さえるよう指導するとよいでしょう。

・職種を選んだ理由（興味，関心，能力，資格とを関連づけて）

・企業を選んだ理由（その企業の経営方針や特徴を踏まえて）

・入社後の意欲や目標（やる気のアピール）

■ 就職面接指導

　面接指導においては，企業の会社案内やパンフレットなどを読み込み，上
記ポイントに加えて以下の点に具体的に答えられるように支援します。

・なぜ就職を志望するのか。

・性格，長所・短所（自分なりの対策を添える）

・会社見学の感想

・高校の校風と特色

・欠席・遅刻の回数と理由

・高校生活で最も努力したこと

・読んだ本とその感想

・関心のあるニュース・出来事

・余暇の過ごし方

・社内に先輩・知人の有無　等

　就職選考では必ずしも第一希望の会社内定ができるとは限りません。生徒
にとっては大きな挫折に感じてしまうかもしれません。その際の担任の役割
は生徒の気持ちに寄り添いつつ，冷静にこれまでの取り組みを振り返らせて，
次の一歩をどう進めるかを支援することにあります。進路指導を通じて生徒
の成長を促す大切な役割といえるでしょう。

（藤田　拓哉）

8章

保護者・地域連携

連携のポイント

■ 連携に伴う危うさ

　校内連携もそうですが，特に保護者や地域との連携にあたっては，自分（学校）の思惑の通りには進まないと考えておくことが大切です。

　すでに聖徳太子の憲法十七条にも「十に曰わく，忿（いかり）を絶ち瞋（いかり）を棄（す）て，人の違うを怒らざれ。人みな心あり，心おのおの執るところあり。彼是とすれば則ちわれは非とす。われ是とすれば則ち彼は非とす。」と出てきます。

　何かを一緒に行おうとすれば，それぞれの考え方や思惑にすれ違いが生じるのは当たり前です。その結果，うまく進まないことも多々あります。

■ 連携を上手に進めるために必要なこと

　地域や保護者と連携を進めるという場合，二つの領域が考えられます。

　第1領域：生徒の抱える課題や問題行動等生徒指導に関する場合

　第2領域：行事等特別活動に関する場合（ボランティア等も含めて）

　どちらの場合においても，連携をスムーズに進めるために重要なことは，次の3点（3原則）になります。

〔3原則〕
・誠実な対応
・ギブ＆テイク
・十分な摺り合わせ作業

■ 実際の事例

　下の写真は第2領域にかかわる連携の実践です。高校とその地域の一つの中学校，三つの小学校，地域社会福祉協議会並びに地域の敬老会，福祉施設が合同で毎年行っている地域合同音楽祭です。

　高校の体育館を会場に各学校の吹奏楽部，合唱部，バトン部などが合同で音楽会を行い，そこに敬老会や福祉施設の人たちを招待するというものです。事務的なことは地域社会福祉協議会が協力します。多くの人と組織が参加するので日程調整だけでも大変です。好評で年々規模が大きくなればなおさらです。学校側の負担は大きくなります。体育館を使用する運動部も，練習や試合が行えないことになり，思わぬところにも負担が波及し，すれ違いが大きくなります。

　これを何とか乗り越えて連携を進めていくために必要なのが，上述の3原則です。お互い誠実に摺り合わせを行い，すれ違いを修正していくのです。

　その中で，地域の人たちにはテイクだけでなく，ギブとして通学路での危険減少のための見守り活動を提供してもらうことになりました。

　学校側の施設や音楽会のノウハウの提供（ギブ）に対して地域からの通学路での安全確保の協力提供を受けたのです。相互の負担（ギブ）と恩恵（テイク）のバランスが連携の長続きの秘訣です。　　　　（田邊　昭雄）

三者懇談会①

(準備)

準備するとはどういうことか

さて，そもそも三者懇談会の準備とはどこからでしょうか。形式としては生徒，保護者，教員によるいわゆる三者面談ですから，まず三者の日時の調整をしなければなりません。実際にはその他に，同様のことをクラス全員分行う必要があります。これを調整するのは，そもそも大変な作業です。

次に場所の確保です。通常はクラスの教室を使用することになりますが，教室が使用できない場合は，それに変わる場所の確保が必要になります。右の写真は，台湾の高校の相談室です。台湾では，このような  相談室が目的別に数室用意されていますが，日本の高校では難しいと思いますので，各教科準備室等を工夫する必要があります。

さらに重要なことは，実施される三者懇談会の趣旨に則った資料等の準備です。例えば，成績不振者の面談であれば，通常保護者に送っている結果の記載中心の資料だけでなく，その成績に至るさらに詳細な資料が必要となります。その中には，それぞれの授業科目の出欠状況（遅刻や早退を含む）や授業態度，課題の提出状況等も必要になるでしょう。現在では，タブレット

等で容易に見ることが可能になっている学校もあると思いますが，三者面談の際は，一緒に見るだけでなく，必要なものはプリントアウトして渡すことも重要になるため，紙ベースのものも用意しておきましょう。

通常，準備するとは最小限でも以上のようなことが必要になります。しかし本当に，これだけで十分でしょうか。

■ 何のための三者懇談か

通常，三者面談の目的とは，以下のようなものになります。
・年度当初の顔合わせと保護者の要望の確認等
・年度の途中で学校や家庭での状況についての理解の共有
・進路決定に関する調整等
・成績不審者への対応
・生徒指導上の問題や課題への対応
これらすべてが実施されるわけではなく，学校や個人の状況によって変わります。しかしながら，根底には良好なリレーションが求められます。

■ 三者懇談を円滑に進めるために

面談をスムーズに進めるためには，日常的な準備が重要になります。それは，保護者との（もちろん生徒とも）円滑な人間関係を構築しようとする態度です。様々な取り組みがありますが，一例を以下に示します。

例えば，4月の当初に担任するクラスが決まって発表されると，すぐに葉書で保護者宛に挨拶状を送る教員がいます。学級経営の方針や抱負を最初に丁寧に保護者に伝えておきたいということです。なかには，夏休みに往復葉書による暑中（残暑）見舞い等を出して，休み中の様子を返信してもらう教員もいます。どうやらメールや電話よりも保護者の反応はよいようです。このような日々の細かな活動が実は準備となっているのです。　　　　　（田邊　昭雄）

三者懇談会②

（当日）

要チェック 👆
当日のアジェンダは余裕をもたせ，ねぎらいから始める

■ 余裕のある運営を心掛ける

　保護者は，忙しい中でも子どものためにということで時間をつくっています。もちろん「子どものためなのだから来るのが当たり前」という考えもありますが，現実には仕事を休んで出てくるのは，日本社会ではまだまだ大変です。そのため，予定された時間を厳守することと不測の事態に備えて余裕をもった計画にしておくことが大切になります。具体的には面談と面談の間の休憩調整の時間を長めにとることです。これによって時間に少し遅れても面談時間を確保することは可能ですし，次の人の時間を厳守することも可能になります。また，休憩調整の時間を長めにとるという対応は面談の質の向上にもつながります。1日に多くの人数の面談をこなすと，場合によっては話の内容が交錯，錯綜してしまう場合があります。それを避けてきちんと整理する時間を確保することになるからです。

■ ねぎらいから始めるように心掛ける

　面談は，保護者が学校に来てくれたこと，担任に会いに来てくれたことをねぎらう態度と言葉掛けから始めましょう。「お忙しい中，遠いところをよ

くお越しくださいました」と心をこめて伝えます。

　高校は小学校や中学校と違い，生徒は広域から通学しています。全県が対象となる高校もあります。ということは，保護者も遠くからやってくるということです。また，なかには初めて来るという保護者もいることでしょう。

　その保護者が該当の面談場所に行くのに，学校の中で迷うことのないように，十分にわかりやすさを心掛けた配布物や掲示物を用意しましょう。さらに受付等が設置されている場合は，そこで対応する副担任などの態度や言葉掛けも重要です。担任に合う前にマイナスの印象をもってしまうか，プラスの印象で臨めるかによって，面談そのものの流れや評価にも影響してきます。面談は保護者から担任や学校が評価されるという側面ももっていることを忘れないように心掛けましょう。

■ 調整調停を心掛けた面談を行う

　生徒と保護者の意見は様々な場面で食い違うことは多いです。特に何らかの事情で，祖父母が保護者として孫を育てている場合（現状多くなっていると思われます）は，特にその傾向が強いように感じられます。子育ての状況も時代とともに考え方や環境が変わっているので，これは仕方ないことだと思いますが，考え方の違いから対立的になってしまうこともあります。

　この場合，親子（祖父母と孫）の関係の問題ですが，家庭内では解決しない場合も多く見受けられます。親族間だとどうしてもお互いに甘えてしまうことが多くなるからです。「このくらいやってくれてもいいのに」ということです。これが満たされずに対立がさらに大きくなる場合も見られます。

　そのような場合は第三者が間に入ることは大変重要です。お互いの主張を相手側にわかるように翻訳して伝えるわけです。それによって相互理解が進むことになります。このように，相互理解が進む中で意見の調整が図られることになりますので，三者面談における教員の役割は，特に重要です。

（田邊　昭雄）

保護者会①

（準備）

■ 学校のルールや教師を知ってもらう重要な機会

①保護者会の内容

　どの学校でも年度初めの4月は保護者会が開かれます。学校及び担任にとって保護者会は学校及び学級のルールや教育方針を保護者に理解してもらうために非常に重要な機会です。伝えたい内容を整理するなど，しっかり準備しておきましょう。保護者会の内容を以下にまとめてみました。

全校保護者会
- ・校長挨拶，教育方針等
- ・学校職員紹介（生徒指導，教育相談，保健室，進路指導等）
- ・年間行事計画

学級保護者会
- ・担任自己紹介，学級の様子，学級経営
- ・学校のルール説明（1年生は詳しく説明）
- ・今後の進路指導について
- ・家庭への協力のお願い
- ・質疑応答

授業参観日も同日に設定している学校が多く，授業参観後，全校保護者会を行い，その後に学級で保護者会をするという流れが一般的です。全校保護者会は，教務主任等が中心となって準備が進められ，学級保護者会は担任が準備を進めます。そのほかに，特別支援学校や職業科をもつ高校の専門学科ごとの説明会，部活動説明会，進路説明会等が開かれることもあります。

②学級保護者会の準備

　事前に保護者会の資料を作成します。当日伝えたい内容を簡潔に記載しておきましょう。資料は多くなりすぎないように心掛けます。資料に目を通す時間が多くなってしまうと，せっかく保護者と顔を合わせて直接伝えられる時間が少なくなるため，伝え忘れや間違った情報を伝えないように準備をします。保護者に説明することは学校の代表で説明するということにもなり，不確かな情報等を伝えてしまうと，トラブルになることもあるので注意しましょう。学年で統一して伝える内容は事前に学年主任を中心に確認しておくことも大切です。

　教室や周辺の環境整備を行います。多くの方が学校に来校されますので，前日には教室環境や廊下は確認しておく必要があります。保護者は学校のいろいろなところを見ています。掲示物や生徒の作品，レポート等，保護者の方が子どもの学校での様子がわかるものなどを提示しておくのもよいでしょう（ただし，個人情報の取り扱いには注意が必要です）。

　さらには保護者会の出席人数の把握もしておきます。事前に学校から保護者会のお知らせと出欠の確認表が配布されます。何人くらいが参加されるのか確認しておくと準備が効率的になります。直接伝えたいことがある保護者がいる場合は，保護者会の後に個別に伝えることも可能なので，事前にあるいは当日始まる前などに声をかけておくとよいでしょう。

　保護者会は学校を理解していただき，教員と保護者がつながれる大切な会です。準備を怠らず，しっかりと保護者の信頼を得る機会としましょう。

（武田　和也）

保護者会②
（当日）

要チェック 👆
初めての学級保護者会では，ポイントを絞って簡潔に伝える

　事前の準備が整っていれば，初めての保護者会でもしっかり学校のことを理解してもらうことが可能です。高校になると小中学校に比べて，保護者会への出席率は下がる傾向にあります。しかしどの保護者も子どものことや学校のことを知りたいと思っています。丁寧に対応していきましょう。

■ 保護者への伝え方

①担任の自己紹介・学校の様子・学級経営

　担任の自己紹介は簡潔にしましょう。教師として生徒たちにどのような教育活動を実践していくか，学級経営方針等も簡潔に伝えていきます。学級の様子も簡単に伝えるようにしましょう。保護者の方は子どもが高校生になっても心配なので，学校での様子を知ると安心します。写真や動画等があると保護者も実際の様子が見えてわかりやすいかもしれません。ただし，学校によっては，個人情報の関係で写真や動画等の使用ができないこともありますので，自校（勤務校）がどうなっているのか確認しておくとよいです。

②学校のルールについて

　これが一番重要です。保護者に学校の教育方針や校則などを理解してもらうよう丁寧に説明をします。具体的には，成績などの評価の仕方，進級や卒

業の基準，校則，欠席等の連絡などになります。年間の行事予定も簡単に確認しておきましょう。特に保護者が来校する三者面談の時期などは事前に伝え，参加を促しておきましょう。

③今後の進路指導について

　学年が上がるにつれ，保護者の進路への意識は高まりますが1年生の保護者にはまだピンときません。入学早々ですが，進路決定までの道筋は，早い時期から説明し，保護者の方が高校生のときと現在の大学入試制度は大きく変わっていることも伝えておきましょう。卒業後に，就職を考えている生徒もいます。就職に向けた流れや専門学校の種類なども，1年生の段階からしっかりと伝えられるように情報を収集しておきましょう。

④家庭への協力のお願い

　近年，生徒たちを取り巻く問題は非常に複雑化し，学校だけでは対応が難しい問題も多くあります。また，家庭も実は悩んでいるというケースも多くあります。そのため生徒の成長には，家庭の協力が必要であるため連携のお願いを必ず伝えます。例えば，SNSがきっかけのトラブルを防ぐために携帯電話（スマートフォン）の家庭でのルールの再確認などです。学校以外の様々な相談窓口等を伝えておくことも大切です。そのため学校内外の相談先を知っておくことが大切になります。

⑤質疑応答

　質疑応答では，こちらが予想していない質問をされることがあります。回答に迷ったとき，わからないときには，即答はせず確認してから回答するようにしましょう。時間が余ることがあれば，保護者同士の自己紹介や懇談会の時間をとってもよいです。同じ悩みを抱えている保護者の方は多くいます。

　ほっとする場をもって，安心して帰宅してもらいたいものです。

（武田　和也）

地域との連携ポイント

地域の関係機関との連携

　学校と地域との連携は，現在様々な形の連携の取り組みがあります。学校と地域住民が力を合わせて学校の運営に取り組む「コミュニティスクール」など，今や学校と地域との連携は欠かせず，とても重要視されています。

　生徒指導の今後の方向性の一つとしてチーム学校による生徒指導体制の構築が重要とされ，その背景に，貧困，ヤングケアラー等の課題が山積していることがいわれています。学級で生徒とかかわる中，そういった課題を抱えた生徒に出会うことがあります。担任一人では解決の難しい場合が多いです。積極的に関係機関との連携したチーム支援を活用しましょう。そのポイントについて説明していきます。

具体的な関係機関の例

　具体的な地域の関係機関とは，次に示すような関係機関が挙げられます。県や地域によって名称や役割は異なりますが，まずは地域にどういった関係機関があるのか調べてみることが大切です。そして，その機関は何ができて，何ができないのか，どういった方と連携するとよいのかを把握しましょう。

〔地域の関係機関・連携先の例〕
・児童相談所　　・市役所家庭支援担当課　・福祉事業所
・教育相談センター　・精神福祉保健センター
・ソーシャルワーカー　・心療内科クリニック／児童外来
・カウンセラー　・弁護士
・青少年センター　・相談支援センター　・民生児童委員
・警察署　　等

　では，どのように地域の支援機関を知ることができるでしょうか。まず
は，各校に特別支援教育コーディネーターの教員がいれば，相談してみまし
ょう。特別支援教育コーディネーターは地域の関係機関が参加している連絡
協議会等に参加し連携を図っている教員になります。そのほかには，SSW
や SC も地域の関係機関と連携を図っていますので，相談してみるのもよい
でしょう。

　地域の関係機関では，いろいろな相談会や座談会といった相互理解を図る
機会を積極的に設けています。教師も参加できる会はたくさんあります。長
期休業などの研修の機会に参加してみることでつながりができ，相談しやす
くなります。意識を学校外の関係機関に向けてみることも大切です。

■ 関係機関との連携は「相談」すること

　担任をしていると，休みが増えたり，行動が気になる生徒へのかかわりを
する中で，家族や家庭での悩みを聞くこともあります。学校では，家庭のこ
とへ介入・対応する難しさがあります。チームで支援していてもわからない
ことがあるのは当然なので，この場合は，たとえば家庭支援の専門家に相談
するのが最適です。もちろん相談したからといって，すぐに解決できるわけ
ではありませんが，専門家に相談することでその生徒や家庭への支援の方向

性が見えてきます。そこから連携が始まることが多いです。生徒のことを第一に考えて，早期に相談することを心掛け，担任としてできることに取り組みましょう。

関係機関との役割分担と相互理解

　地域の関係機関とチームで生徒の支援に当たる場合，役割分担が大切になります。教師は教育の専門家として，学校でできる指導・支援を考えます。医療の専門家である医者は，精神的なケアや治療，服薬に関することで支援していきます。相談センターなどの社会福祉士等は福祉の専門家で，地域の社会資源の活用や福祉サービスの提供などができます。保護者は子育ての専門性をもつ大事な人です。それぞれできることとできないことがあります。決して関係機関にすべてお願いするようなことではなく，お互いの役割を相互に理解して，多業種の人がそれぞれの専門性を活かす中で，担任としてできることを支援しましょう。チームで支援をしていくときに，ケース会議で関係機関が集まって情報を共有をするときには，どの人がどの役割を分担しているか把握することも大切です。専門家が集まり困っていることの共有だけで終わってしまわないよう，担任として様々な専門家の知恵を借りて，生徒支援を行っていきましょう。

　「先生たちは，いつも忙しくしていて，生徒の家庭の支援のことまで考えていく必要はないんですよ。むしろ支援については，我々が専門ですから，我々に任せてくださっていいんです。先生方がそこまで考えなくていいんです。先生は教えることが専門です。私たちに教えることはできません。その役割分担がしっかりできるといいですよね。そうして先生方の忙しさも少し軽減され，教えることに時間を使えるようになれば最高ですね」
　このように考えてくれている関係機関の方はたくさんいます。学校側から関係機関との連携を積極的にしていきましょう。

（武田　和也）

9章

卒業式・修了式・学級じまい

指導要録の作成①

指導要録作成のための準備

　指導要録は，年度末までに作成し，その内容には「学籍の記録」と「指導に関する記録」があります。指導要録は，在籍した１年間の記録として，様々な視点から当該生徒の状況を記入します。特に，「学籍の記録」は20年間保管することから，特に誤りは許されません。「指導に関する記録」は５年間保存ですが，卒業後の進路決定に必要な調査書や単位取得を証明する資料ですから，とても重要な書類となります。

　指導要録は，１年間の生徒の記録を記載することから，生徒の出席状況，成績，クラスでの係活動，生徒会や委員会の活動，部活動，学校行事での役割，「総合的な探究の時間」の取り組みや，資格・免許の取得状況など多岐にわたる資料が必要になります。それらの記録を漏れなく記載する上でも，生徒個人に関する情報を，年度当初から計画的に収集しておくようにしましょう。

年度当初の準備

　年度当初に，生徒には入学・進級した時点での基本情報を「生徒個人カー

146

ド」に記入させ，新学期早々に指導要録の基本情報（現住所・氏名・保護者など）を確認します。特に，新入生の場合には，年度当初の早い段階で済ませておくことによって，急な転学や退学などにも対応できます。

日常的な情報収集

日ごろから生徒の状況を把握しておく必要があります。

具体的には担任が決まった時点で，クラスの生徒一人ひとりの指導記録（「生徒ノート」「生徒カルテ」などと称しています）を作成し，日々の状況や面談の記録，進路に対する思い，保護者面談での保護者の意向，学校生活での活躍や特別指導の記録など当該生徒に関するありとあらゆる記録を残しておくことです。これが後々指導要録記載の上で，有効に機能してきます。

出席簿の管理

日々の出欠席を記す出席簿ですが，学校教育法施行規則で学校備付表簿の一つになっています。科目の履修認定が重要になることから，公簿である「出席簿」が証拠になります。それだけに，毎日の帰りのSHRでは，生徒の出欠状況を確実に確認しておく必要があります。結果的に，年度末に指導要録を記入する際に，出席簿の記録をもとに出席停止・忌引，欠席，遅刻，早退などを確認することになります。

教員間での情報共有

各教科の授業での生徒の様子は各教科担任しかわかりません。また，部活動の活躍の様子は，本人の自己申告だけではなかなかわからないものです。日ごろから教員間で各生徒の状況について積極的に情報共有することが，指導要録を記載する上でとても有効になってきます。

（百瀬　明宏）

指導要録の作成②

■ 年度末の確認事項

　日常的に生徒の状況を把握するとともに，年度末には，改めて生徒に「自己申告票」のような書面に記載させ，指導要録の記載の参考にします。その書面は，以下のような内容になります。

　出欠の記録：忌引（理由とともに），出席停止（月日，理由），欠席日数
　　　　　　　（理由），遅刻（回数・理由），早退（回数・理由）など
　特別活動：HRの係，委員会活動，生徒会活動など
　部活動：所属部活動，役職，実績など
　進路希望：現時点での進路希望状況
　取得資格・検定：取得年月日，取得資格，取得級など
　ボランティア活動：具体的な活動など

　上記内容を記載したアンケート用紙を用意し，2月中には記載を済ませておくとその後の記載が容易になります。

■ 成績・単位数の記入

　成績及び単位の履修・修得認定に関しては，年度末の業務になります。特に成績に関しては，その後の「成績証明書」や「調査書」の原簿になります。そのため，複数の教員（例えば担任同士や副担任とともに行う）で確認しながら記載するようにしましょう。

■ 総合所見と指導上参考となる諸事項「総合的な探究の時間」に関する記載

　総合所見欄は，その生徒の成長の様子や特性などを，担任として記載するものです。生徒の短所やマイナス面を記載するのではなく，長所や成長の状況などプラス面を中心に書きましょう。その際，他の生徒と比較して書くのではなく，その生徒の成長という視点から記載します。

　「総合的な探究の時間」に関する記載に関しては，生徒の活動の様子を的確に把握し，生徒の変容や成長を評価し記載するように心掛けましょう。その際には「観点」に基づき評価するとともに，探究活動の途中経過での成果物やプレゼンテーションのパフォーマンスなどについても評価し記載するようにしましょう。

■ 転入学生などの場合

　転入学生の場合には，前籍校の指導要録の写しなどもあることから，記載漏れや誤記入などのないように，教務部などと確認しながら記載することが必要になります。また，留学する生徒または留学から帰ってきた生徒の記載についても，出席状況や成績の記載などについて特に留意する必要があります。(参考『三訂版高等学校生徒指導要録記入文例』学事出版，2022年)　　　　　　（百瀬　明宏）

修了式

（準備　1・2年生）

1年間のまとめが次年度につながる

　1年間の終わる3月には，1年生は初めての高校生活を終え，また2年生は学校の中堅として学校行事や部活動を支え，いよいよ最終学年に向かうという大きな節目に当たります。そこで，この1年間の学習面や生活面での振り返りを行うとともに，次年度に向けた一種の決意表明も大切になってきます。それが，次年度の各学年の生活に大きく影響を与え，学校全体としてまた学年全体としても学校の雰囲気を形成していきます。それゆえに，年度末の終業式や最後のクラスで担任として生徒個々への1年間の努力や激励の言葉が，生徒に大きな影響を与えると意識しましょう。

1年間の記録と次年度への目標を立てさせる

　まずは，1年間の成績に関して，単に年度末の成績表を作成するだけではなく，クラス全体の傾向や個々の生徒の頑張り度を，1年間を通して把握しておく必要があります。定期テストの結果，成績の伸長の度合いなどを，各教科担任からコメントをもらいながら整理しておくと，コメントを作成しやすくなります。

次に，進路指導に関する各種資料をきちんと整理する必要があります。これまでの校内実力テストや模擬試験の結果だけではなく，自らの進路希望や希望校種などを，年度末にまとめることが次の学年の取組につながります。各種データをまとめ，最後のHRで生徒に配布する準備が必要です。

1年間の振り返り

　1年間のクラスの思い出づくりとして，文集や写真集を作成する場合もあります。そのためにも，年度当初から計画的に写真を撮りためておくことが大切です。それを基に，スライドショーを行ったり，文集を作ったりすることがよく行われます。文集は，あえて手書きにすることもより印象強いものになります。生徒には2月中に作成原稿を提出させ，3月中旬までには完成させておきましょう。その中には，1年間の行事やスナップ写真なども盛り込めれば，後々の思い出にもなります。作成する場合は，計画的に必要な資料を準備しておきましょう。

個々の面談も適宜

　終業式が終わってしまうと春休みに入ってしまい，なかなかクラスの生徒と落ち着いて面談することができなくなってしまいます。ある程度成績が出た段階で，課題を抱えた生徒や補習を受けなければならない生徒に対して，個別に時間をとり面談をしましょう。生徒自身も不安を抱えていることから，担任との面談は生徒にとっても大きな支えになるはずです。クラス全体への話も大切ですが，早めに課題を抱える生徒と面談の時間を割き，対応策をとってあげましょう。

　保護者に対しては，正式な成績が出ないと面談はなかなか難しいところもありますが，可能であれば早めに面談の時間をとり，年度末に向け，さらには次年度に向けての協力と支援を依頼することが大切です。　　　　　（百瀬　明宏）

修了式

（当日　1・2年生）

要チェック 👉
1年間の振り返りがポイントと意識する

■ 1年間を振り返り次年度への思い

　年度末を迎え，修了式を迎えた生徒は，一種の安心感や安堵感を覚え，春休みを迎えるうれしさと，上級学年に進級できる喜びと不安を併せもつ複雑な心境の時期です。

　そこで，学級担任としては，この1年間を生徒にじっくりと反省する機会を与え，次年度に向けての目標をしっかりと立てさせることが重要になってきます。まず，成績に関しては，この1年間で努力し成績に反映した科目とともに，なかなか思うように伸びなかった科目について，その原因や要因，今後の目標をこの機会にしっかりと立てさせましょう。

　次に，学校生活全般を振り返って，よく頑張ったことや努力したことを，クラス全員の前で発表させたり，レポートとして書かせたりすることで，次年度の学校生活に向けての目標を立てさせましょう。これを次年度の担任への引き継ぎに活用することも大事になります。

■ 成績と諸書類の記載を忘れずに

　終業式には，次年度のクラスへの引き継ぎに必要な様々な書類の確認が必

要になります。保護者や現住所の確認など進級する前の現学年で確認することが，次の学年へのスムーズな移行につながります。

また，進路に関する各種データ，例えば実力テストや模擬試験のデータ，成績の確認，健康診断の記録など年度内に確認しておくべき資料が多々あります。

併せて，指導要録の記載のためにも，最終的に担任として，クラスの各種委員会や生徒会活動，部活動，「総合的な探究の時間」の記録，各種資格取得状況やボランティアの記録など，この１年間の生徒に関する記録の最終確認を修了式の当日まで行います。

1年間のクラスの思い出

高校生にとっての１年間は，学習面ばかりではなく，生活面，精神面で大きく成長し，悩み苦しみ，そしてクラスメイトと裏表なく過ごさせたい時間です。その最後の時間としての修了式後の HR があります。担任からのコメントとともにクラス全員での思い出づくりも貴重な体験の一つです。合唱祭の歌でもいいでしょう，一人ひとりからのコメントでもいいでしょう。何かしら記憶に残るイベントを短時間でやってみることも記憶に残る修了式になります。

個別の指導も忘れずに

成績や性向面などで課題のある生徒には，保護者とともにきちんと伝えなければなりません。修了式後の放課後に，落ち着いた状況下で，現状と今後の方向性，改善策などを保護者とともにじっくりと話し合いましょう。それが，次年度の学校生活につながります。そして，常に見守っている姿勢を見せることが当該生徒の成長につながります。

（百瀬　明宏）

卒業式

（準備）

卒業式の準備

　卒業式は，生徒にとっても学校にとっても大きな行事です。したがって，単にクラス担任だけではなく，学年全体として，また学校全体として，保護者や地域の方々にも周知し，晴れの舞台を迎えることになります。それだけに，かなり早い段階から計画的に準備を進める必要があります。

　具体的には，式典の準備として分掌に位置づけられた部署が，全体計画を立てます。それに基づいて，成績関係，進路関係，保護者・地域・関係者への案内の送付と対応，式典の準備（卒業証書の準備，会場準備など）多くの分掌や教職員が携わることになります。それだけに，その計画に基づいて遅滞することなく，学年全体として準備を進めていきましょう。

卒業することに伴う準備(特に書類・返却物・返還金など)

　卒業式に卒業生に配布するものは，単に卒業証書だけではなく，卒業証明書や卒業アルバム，学年費などの返金事務，授業関連の様々な返却物など予想以上に多岐にわたります。したがって，卒業式当日に配布するものと，前日までに配布・返却するものに分け，卒業式当日には，かなり少なくしてあ

げることが，生徒にとっても学校にとってもありがたいことになります。

■ クラス担任としての準備

　クラス担任として準備することは，まずは卒業に向けての成績や修得単位の確認です。これは年度当初から出席状況と併せて確認する必要があります。
　続いて，卒業後の進路に関する指導です。言うまでもなく，卒業式を迎えてもまだ進路が未確定の生徒もいます。一方，早々と進路が決まった生徒もいるので，個々の生徒への対応を，より丁寧に行う必要があります。
　進路が決定している生徒には，卒業式までの学校生活に対して，十分に指導するとともに，卒業後の進路に向けた準備を計画的に進めるように支援していきましょう。具体的には，就職する生徒には社会人としての心得や資格などについて，また進学する生徒には，新年度の授業が始まるまでの準備などについてアドバイスを与えることも大切になってきます。
　進路が未定の生徒に関しては，年度内で決定したいのかそれとも浪人して次年度に備えるのか，保護者とともに十分に確認をしておく必要があります。
　さらに，卒業式後の最後のクラス（LHR）で何を話し，どのような企画をするのか，早い段階から考えておきましょう。

■ 卒業後の進路に関するアドバイス

　卒業式当日は，式直前の連絡や式後の様々な挨拶，例えば保護者への謝辞，部活動生徒への激励の言葉などなかなかゆっくりとクラスの生徒に向き合う時間はありません。そこで，式の前までに，特に進路に悩んでいる生徒や進路未決定の生徒には，進路指導部と一緒になり，面談の時間を取ることが必要になってきます。特に進路未決定の生徒には，今後の進路について，じっくりと保護者の意見を踏まえながら指導していくことが肝要となります。

（百瀬　明宏）

卒業式
（当日）

卒業式への参加の心構え

　卒業式は，高校生にとって3年間ないしは4年間の最後のそして大きな晴れ舞台です。様々な教科の授業や各種学校行事，クラス行事，部活動などを通して，多くのことを経験し，ときには喜び，ときには悲しみ，ときには悔しさを経験してきた最後のステージが卒業式です。

　そのために，担任として，生徒（卒業生）に対して，これまでの時間を思い出させながらも，新たなステージへの出発を応援するという気持ちを大切にして臨みましょう。

卒業式～その厳粛な意味～

　卒業式は式典として，多くの来賓や保護者，在校生が参加し，卒業生を送り出す厳粛な式が多いはずです。したがって，その場にふさわしくない行動や自己満足でのパフォーマンスなどを許すことなく，卒業生全体で卒業を祝うという意識をしっかりもたせることが大切になります。

　そのためにも，呼名の返事は大きくはっきりとするように指示しましょう。また，校長先生の式辞や来賓の卒業をお祝いする言葉にもしっかり耳を

傾ける指導も大切になります。人生訓が盛り込まれており，一つでも自分のものにするようにアドバイスすることも，しっかり聞く動機づけになります。

式後の最後のクラス

卒業式後は，いよいよ生徒一人ひとりへの卒業証書の授与です。なかなかゆっくりと一人ひとりに語りかけることは時間的に難しい場面ですが，1年間担任として各生徒を指導支援してきた思いのたけを，ぜひ生徒に語り尽くしてください。

担任としてクラス全体に卒業の言葉を述べるとしたら，一つだけに厳選しましょう。あれもこれも話しても，生徒には響きません。たった一つ，されど一つのことに的を絞って丁寧に思いを生徒に語りかけましょう。

高校卒業後の進路は多様です。大学や短大に進学する者，専門学校に行く者，就職して社会人になる者，また，住み慣れた土地を離れて別の地に行く者にとっては，新たな地での生活に大きな不安を抱いているはずです。

しかし，不安とは裏腹に，自らの進路を自らで切り開ける夢やロマンもあるはずです。担任として，その夢を後押しするような声掛けは大切な役目でもあります。

保護者への挨拶

卒業式後のクラスで生徒へ卒業証書を授与し，様々な返却物を返した後に，保護者への謝辞を述べる時間があります。少なくとも卒業時の担任として1年間の保護者への感謝の気持ちを，丁寧かつ柔らかな口調で話しましょう。これまでの学校やクラスへの協力への感謝とともに，家庭での様々な葛藤や悩みを乗り越え卒業の時を迎えた喜びを，担任として共有することが大切です。そして，今後とも学校の応援団となってもらいたい旨を話し，保護者に感謝と労苦へのいたわりの気持ちを伝えましょう。

（百瀬　明宏）

【執筆者紹介】（執筆順）

渡辺　弥生　　法政大学

原田恵理子　　東京情報大学

肥後　利朗　　東京情報大学

黒川　昭宏　　元千葉県公立高等学校

安藤　寛朗　　千葉県立我孫子高等学校

森部　雅大　　千葉県立東葛飾高等学校

太田　健介　　千葉県立鎌ヶ谷高等学校

齊藤　敦子　　千葉県立国府台高等学校

桑田　美和　　千葉県子どもと親のサポートセンター

武田　和也　　千葉県立特別支援学校市川大野高等学園

小堀　翔太　　千葉県立君津高等学校

濱田　　文　　千葉県立国分高等学校

田村　信義　　千葉県立安房拓心高等学校

藤田　拓哉　　千葉県立検見川高等学校

田邊　昭雄　　東京情報大学

百瀬　明宏　　秀明大学

【監修者紹介】

渡辺　弥生（わたなべ　やよい）

教育学博士。法政大学文学部心理学科教授。法政大学大学院ライフスキル教育研究所所長。専門は，発達心理学，発達臨床心理学，学校心理学。

著書に，『子どもの「10歳の壁」とは何か？―乗りこえるための発達心理学』（光文社），『感情の正体―発達心理学で気持ちをマネジメントする』（筑摩書房），『中学生・高校生のためのソーシャルスキル・トレーニング　スマホ時代に必要な人間関係の技術』（明治図書）など多数。

【編者紹介】

原田　恵理子（はらだ　えりこ）

博士（心理学）。東京情報大学総合情報学部総合情報学科／教職課程教授。専門は，学校臨床心理学，発達臨床心理学，学校心理学。

著書に，『学校心理学の理論から創る生徒指導と進路指導・キャリア教育』（学文社），『情報モラル教育：知っておきたい子どものネットコミュニケーションとトラブル予防』（金子書房），『中学生・高校生のためのソーシャルスキル・トレーニング　スマホ時代に必要な人間関係の技術』（明治図書）など多数。

1冊ですべてがわかる
高校教師のための学級経営大全

2024年3月初版第1刷刊	監修者	渡　辺　弥　生
©編　者		原　田　恵理子
発行者		藤　原　光　政
発行所		明治図書出版株式会社

http://www.meijitosho.co.jp
（企画）茅野　現　（校正）奥野仁美
〒114-0023　東京都北区滝野川7-46-1
振替00160-5-151318　電話03(5907)6702
ご注文窓口　電話03(5907)6668

＊検印省略　　　組版所 朝日メディアインターナショナル株式会社

Printed in Japan　　　　　　　ISBN978-4-18-207825-5
もれなくクーポンがもらえる！読者アンケートはこちらから